U0744445

职场必读书

CHITONE®
智通人才

林景新 著

走好职场第一步

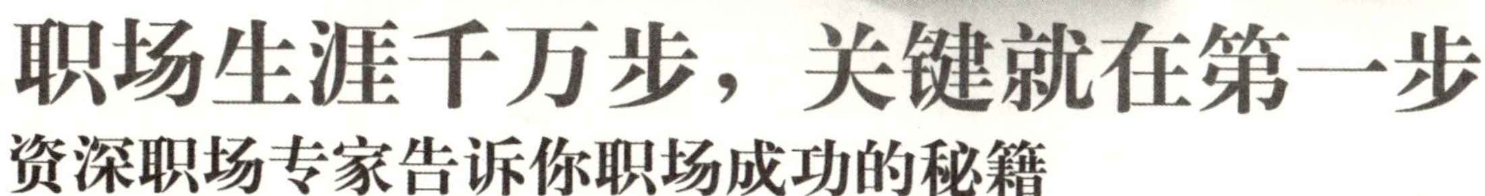

职场生涯千万步，关键就在第一步

资深职场专家告诉你职场成功的秘籍

职场仕途千万步，关键就在第一步。如何规划好自己职业选择？如何读懂职场潜规则？如何培养职场情商？走好职场关键第一步，走上事业成功光明路。

暨南大學出版社
JINAN UNIVERSITY PRESS

中国·广州

图书在版编目（CIP）数据

走好职场第一步／林景新著．—广州：暨南大学出版社，2011.8
ISBN 978－7－81135－906－0

Ⅰ.①走…　Ⅱ.①林…　Ⅲ.①职业选择—通俗读物　Ⅳ.①C913.2－49

中国版本图书馆 CIP 数据核字（2011）第 136609 号

走好职场第一步
林景新 著

出 版 人　徐义雄
策划编辑　杜小陆
责任编辑　陈　涛　林芳芳
责任校对　卜　颖
出版发行　暨南大学出版社（广州暨南大学　邮编：510630）
网　　址　http：//www.jnupress.com　http：//press.jnu.edu.cn
电　　话　总编室（8620）85221601
　　　　　营销部（8620）85225284　85228291　85228292（邮购）
排　　版　暨南大学出版社照排中心
印　　刷　广州桐鑫印刷有限公司
开　　本　787mm×1092mm　1/16
印　　张　13.75
字　　数　210 千
版　　次　2011 年 8 月第 1 版　2011 年 8 月第 1 次印刷
定　　价　29.80 元

（暨大版图书如有印装质量问题，请与出版社总编室联系调换）

序：人生千万步，走好每一步

这是一本写给职场新人看的书。

这也是一本写给所有职场人看的书。

步入社会之后，每一个人都在努力谋求职场的成功：有的人废寝忘食地工作，有的人殚精竭虑地钻营，有的人八面玲珑地拉拢关系，有的人想方设法地创造佳绩。无论用什么样的方法去奋斗，也无论付出多少努力的汗水，最后总是有人成功，有人失败。

本人作为人力资源服务行业的实践者，在近20年的人力资源服务工作中接触了众多知名企业和大批中高级精英人才，在为他们提供招聘、猎头、派遣、培训及职业规划等综合服务的过程中，亲眼见证了职场上太多的成功和失败的案例，并对此深有感触。经营职场，就如经营生意、经营婚姻一样，不仅需要努力，还需要谋略；不仅需要了解可以采用的技巧，同样需要明白如何规避各种可怕的陷阱。所以，没有规划的人生，一定是难以成功的人生；没有规划的职业发展道路，一定会越走越艰难——每一名在职场江湖上漂泊、奋斗、希冀获取成功的人士，在埋头努力工作的同时，更需要不断思考自己所走的职场道路方向是否正确、职业发展是否符合自己的个性，最终以最合适的策略去实现自己的职场奋斗目标。

林景新教授是我颇为景仰的一位博学多才的老师，作为资深的职场专家，他经常到全国各地的企业交流、研究，对职场生存环境有深刻、独到的观察，在如何让用人单位和求职者对我们的服务更满意的研究上，我经常向他讨教。这本《走好职场第一步》是他多年来对职场奋斗、职场成功之道的集成之作。书中以大量我们在工作中常见到的翔实、生动的案例为题材，为我们描述了一个个引人入胜的职场故事，在细腻的故事化讲述中，切中肯綮地为我们指出职场中的各种“潜规则”、办公室政治以及情商死结，同时也为职场人士指出步向职场康庄大道的发展策略。

“职场生涯就像一场战斗，是一场不间断的、让人无喘息余地的追逐。在一次次胜利背后每每夹杂着许多失败与挫折，在喜悦、期待与得意之中往往附加着沮丧、拒绝与失望。无论身处什么样的境况，也不论遇到多少次挫折，作为职场奋斗者，你要始终相信一条不变的法则——没有失败，只有暂时没有成功。”

我非常欣赏林景新教授在本书中所总结的这一段富有哲理的话，在此引用过来，祝各位职场人士能从本书中获得有益的启示，收获自己职场奋斗的成功！

叶　菁

中国人才交流协会副会长

广东智通人才连锁股份有限公司董事长

2011 年 7 月

目录
contents

职场第一步：明确你的职业规划

导读

职场发展就如大海行舟，若没有明确的方向，绝对无法到达成功的彼岸。每一个职场新人都应该确立自己的职场发展目标，并牢记以下五个步骤：明确目标、详细计划、立刻行动、修正行动、坚持到底。

在广州举行的一场营销精英颁奖会上，某著名房地产集团的营销总监陈晓是获奖者之一。在回顾个人职业发展历程时，陈晓说了这样一番话："我今天能够获奖，除了个人的努力、机遇的垂青之外，明确的职业规划为我个人的发展提供了非常大的帮助。"

8年前，陈晓来到广州发展，在一家小企业做过推销员，也从事过保险行业，有一段时间甚至遭遇过茫然无助的失业。但就在8年时间中，陈晓不仅从一名身无分文的打工仔晋升到年薪50万的营销总监，而且明确了自己的职业发展道路，并沿着自己的梦想之路飞速前进。

在广州这个生机勃勃的大都市中，许许多多像陈晓一样的人才，怀抱着梦想在这里努力拼搏，期望有朝一日出人头地。对于一个普通的职场奋斗者来说，成功的密码是什么？成功的密码不只是努力，因为如果只凭努力就可以成功，那么广州满大街都会是百万富翁了；成功的密码也不只是机遇，社会发展一日千里，每时每刻都有不同的机遇从我们身边溜过，而真正能够抓住它的人却寥若晨星。或许就如陈晓所说，成功的密码还包括职业规划，而且职业规划是引导个人走向成功之路的重要砝码。

对于职场奋斗者来说，职业规划究竟有何用处？

明确的职业规划助你走向成功

与婚姻一样，职业生涯同样需要苦心经营方能修得正果。

对职场新人来说，职业规划就是个人发展的一盏指路之灯，使其清楚自己未来的路与方向。在竞争激烈的现代社会，一个人越清楚地了解自身的资源与优势，明白如何根据个人的核心优势去制定未来发展道路，他必然更容易成功地实现梦想。

世界头号投资大师巴菲特，小时候是一个内向而敏感的孩子，无论是读书成绩还是在生活中的表现，巴菲特与一般孩子毫无区别，甚至还不如他们。许多人都嘲笑巴菲特行动缓慢、思维迟钝，但巴菲特却将这一弱点转化为自己最大的优点——耐心；同时，他发现自己对数字有天生的敏感，并对其充满了兴趣。

在27岁之前，巴菲特尝试过许多工作，做销售员、充当法律顾问、管理一家小厂，但最终他结合自己的优点——耐心、对数字敏感，将自己的职业发展方向转向投资行业，并立志成为一名投资家。在明确的职业规划引导下，巴菲特拒绝了许多外来的诱惑，也忍受住了重重压力，坚定不移地按照自己的职业发展规划前进，最终成就了一番惊人伟业。

职业规划最大的好处就在于，它帮助我们将个人梦想、价值观、人生目标与我们的行动策略协调一致，去除其他不相关的旁枝末节，整合个人最大的优势与资源，从而朝着终极目标快速前进，而这正是我们取得成功的重要保证。

职场规划的三个原则

职场新人在制定职业规划时，必须考虑到行业的特性与个人的优缺点，这样才能制定出合理的、有指导意义的职业规划。职场新人制定职业规划的三个原则如下：

职业发展目标要契合自己的性格、特长与兴趣

职业生涯能够成功发展的核心，就在于其所从事的工作正是自己擅长的。如果一个人性格内向、不善于与人沟通，没有敏锐的市场意识，那么他就很难成为一名成功的营销人员。了解自身的优缺点是制定职业规划的前提。

从事一项自己擅长的工作，我们会工作得游刃有余；从事一项自己所喜欢的工作，我们会工作得很愉快；如果所从事的工作既是自己擅长的又是自己喜欢的，那么我们必定能够快速从中脱颖而出。而这正是成功的职业规划的核心所在。

职业规划要考虑实际情况，并具有可执行性

有些职场新人颇有雄心壮志，一心想要在某个领域一鸣惊人。但是职场发展虽然有些时候可能有飞跃性，但更多时候却是一种积累的过程——资历的积累、经验的积累、知识的积累，所以职业规划不能太过好高骛远，而要根据自己的实际情况，一步一个脚印，层层晋升，方能成就梦想。

职业规划发展目标必须有可持续发展性

职业发展规划不是一个阶段性的目标，而是一种可以贯穿自己整个职业发展生涯的远景展望，所以职业发展规划必须具有可持续发展性。如果职业发展目标太过短浅，这不仅会囿制个人奋斗的热情，而且不利于自身在职业领域的长远发展。

世界头号营销大师的职业规划

“我希望你们都记住，做营销最重要的不是推销产品，而是推销自己。”这是世界头号营销大师乔·吉拉德在一次营销大会上，对着台下数万名期冀成功的营销从业人员所讲的一句话。

乔·吉拉德 1929 年出生于美国的一个贫民窟，他从懂事时起就开始替人擦皮鞋、做报童，还做过洗碗工、送货员、电炉装配工和住宅建筑承包商等。35 岁以前，他无疑是个全盘的失败者，患有严重的口吃，换过 40 份工作仍然一事无成……无奈之下，他决定步入推销生涯。

谁能想象得到，这样一个不被看好而且背了一身债务几乎走投无路的人，竟然能够在短短 3 年内被吉尼斯世界纪录称为“世界上最伟大的推销员”。他至今还保持着昂贵商品的销售纪录——平均每天卖 6 辆汽车！这个效率可谓空前。他一直被欧美商界当成“能向任何人推销出任何产品”的传奇人物。

乔·吉拉德的成功经历看起来似乎非常有传奇性，但传奇色彩的背后，却隐藏着他把握自我命运，积极、主动、自信、热情的性格特征。35岁之前的乔·吉拉德尽管穷困潦倒，但他从未失去对职得成功的信念——在他心中，明确的职业发展梦想激励着他始终向前进发，35岁之前的他缺少的只是一个机会，一个可以让他的才能酣畅淋漓地展现出来的机会，而积累多年的经验与才能一旦有了得以施展的机会，自身的才华就找到了突破口，乔·吉拉德在销售领域迅速脱颖而出是完全可以理解的。

乔·吉拉德的成长经历可以给我们许多启示：一时的穷困潦倒并不要紧，屡遭失败也没关系，因为过去不等于现在，更不等于将来。无论处于什么境况，最重要的一点是你必须明确地知道自己未来的发展方向何在，并为此持续地努力。

链接：职业规划的四大基本原则

择己所爱

从事一项你所喜欢的工作，工作本身就能给你一种满足感，你的职业生涯也会变得妙趣横生。兴趣是最好的老师，是成功之母。调查表明：兴趣与成功几率有着明显的正相关性。在设计自己的职业发展规划时，务必注意：考虑自己的特点，珍惜自己的兴趣，择己所爱，选择自己所喜欢的职业。

择己所长

任何职业都要求从业者掌握一定的技能，具备一定的条件。而一个人一生中不能将所有技能全部掌握，所以你必须在进行职业选择时择己所长，匹配自身的择业行为有利于将自己的优势最大限度地发挥出来。再有，你应该为自己选择一份脱颖而出的可能性更大的职业，最好能够运用比较优势原理充分分析别人与自己，尽量选择与同类人才竞争冲突较小的优势行业。

择世所需

社会的需求不断变化着，旧的需求不断消失，新的需求不断产生，新的职业也不断应运而生。所以在设计自己的职业发展规划时，一定要分析社会需求，择世所需。最重要的是，目光要长远，能够准确预测未来行业或者职业发展方向，再作出选择。确保你选择的职业不仅有社会需求，并且这个需求会尽量长久。

择己所利

职业是个人谋生的手段，其目的在于追求个人幸福。所以，你在择业时，首先考虑的是自己的预期收益——个人幸福最大化。明智的选择是在由收入、社会地位、成就感和工作付出等变量组成的函数中找出一个最大值。这就是择业的收益最大化原则。

如何培养职场情商

导读

许多职场人由于忽视自身情商的发挥，导致其在职场中处处碰壁。情商看不见摸不着，但如果你忽视它，成功就可能会忽视你。

无论级别高低，对于每一个职场人而言，职场发展的核心就是学会与人沟通，从信息的沟通、情感的沟通，最终达成利益的沟通。在职场发展道路上，我们应如何进行情商管理？

职场情商：你忽视它，成功就忽视你

在猎头公司的帮助下，李莫言从本土的一家快速消费品企业跳槽到了一家跨国企业，担任品牌经理。刚上班上司就找他谈话，上司的言下之意很明显，就是让他好好干，前途不可限量，再加上刚进公司，同事对他也很友好，他于是踌躇满志起来，似乎看到了机遇在向他招手。

虽然李莫言自进公司那一刻开始就一直埋头苦干，经常加班加点，可是工作了不到半年，情况就变了。上司看到他，会习惯性地皱眉叹气，同事对他也是客气而生疏。工作越努力，受到的冷落便越多。这是为什么？

李莫言百思不得其解，于是他找到大学时的一个朋友聊天，这个朋友比李莫言早工作三年，现在已做到了部门总监的位置。听了李莫言的诉苦和疑惑，他却笑了，既而问了他三个问题：

（1）是不是工作太过努力，无意中让同部门的其他同事显得很懒惰？

（2）是不是应该和别人合作的事情却一个人大包大揽？

（3）是不是太锋芒毕露，挤掉了其他同事的表现机会？

李莫言仔细想了想，好像在过去的这半年时间里，自己的确时常有这三种情况。首先，他在工作上要求自己比别人做得更多、工作时间更长。每天，他总是第一个到达公司，最后一个离开。

在做完自己本职工作之后，又将部门同事还没来得及完成的工作一并做了。

其次，他希望尽量参与公司的一切事务，表现出一个新人应有的积极性。每次公司召开发展研讨会，他都会滔滔不绝地发表自己对公司发展的建议和看法，几乎将整个研讨会变成了他的思想报告会。

经过对自己过往表现的分析以及老朋友的指点，李莫言猛然认识到了自己为什么会陷入“工作越努力却越受排挤”的怪圈之中。原来，自己以往只注重提高工作技能、过分投入工作，却从未好好考虑提高职场情商——一种能让他更好地融入组织、更好地被组织其他成员接受并理解的智慧。

与李莫言一样，许多职场人每每来到一个新的职场环境，往往带着满腔的热情与激情投入工作中，以为只要埋头苦干就可以赢得上司赏识、受到同事欢迎，其实这种想法是错误的——在任何企业组织中，每一个人都扮演着企业文化的承载者与推动者的角色，每一个人都是企业价值观的影响者与受影响者，而情商的高低是决定职场人能否快速融入陌生文化氛围、能否更快被组织接受和认可的润滑剂。

许多职场人由于忽视自身情商的发挥，导致其在职场中处处碰壁。情商看不见也摸不着，但如果你忽视它，成功就可能会忽视你。

职场人不应该有的四大情商死结

成功是每一个职场人渴望得到的。基层销售员想升至销售主管，销售主管希望有朝一日能当上销售总监，销售总监希望有一天能成为集团总经理。但是，在同等努力的前提下，总有一些人就是没办法成功。而且，往往许多才华横溢、学历优秀、顶着人人称羡的职位与头衔的人，却因为某些个性特征，让他徘徊在通向成功的关口，始终没办法突破瓶颈，更上一层楼。

为什么他们会失败？在他们失败的背后，究竟由什么因素主导？

在具备一定的工作技能以后，人与人之间在职场的竞争往往就是情商上的比拼：谁的情商高，谁就能更容易获得领导及同事的支持；谁的情商高，谁就拥有更多的人脉资源与潜在机会。

在具备一定的工作技能以后，人与人之间在职场中的竞争往往就是情商上的比拼：谁的情商高，谁就能更容易获得领导及同事的支持；谁的情商高，谁就拥有更多的人脉资源与潜在机会。所以，对于职场人来说，情商的高低往往就是职场成功与否的关键症结所在。而许多人之所以不知道自己为何不能成功，原因也与其未能认清自己在情商上的死结有关。

通过对大量职场人职场生涯的分析，无法突破职业发展瓶颈的人，大多忽视了下面四个情商上的死结：

不知道何时该说、何时不该说

不懂事情分际的人不知道哪些事情可以公开谈，哪些事情只能私下说，哪些事情只可以放在心里。虽然他们通常都是好人，没有心机，但是正如古谚所说，通往地狱之路由善意铺成。在讲究组织层级的企业，这种管不住嘴巴的人，只会断送自己的事业生涯。这种素质的缺乏，在必须替客户保密的行业里，特别不能被容忍。所以，职场人必须随时为自己竖立警告标示，提醒自己什么可以说，什么不能说。

不知道世界并不是非黑即白

在一些职场人眼中，职场世界非黑即白，职场人非敌即友。他们相信，一切事物都应该像有标准答案的考试一样，能够客观地评定优劣。他们习惯用自己的人生观和价值观去判断别人是友是敌，是值得合作相处还是要拒之门外。他们总是觉得自己在捍卫信念、坚持原则，导致情感导向模糊了应有的理性衡量。结果，这种人总是孤军奋战，而且常打败仗。

企业对这种人的容忍度正在降低，因为很少有人能跟他们和睦相处。比较可能容忍职员的这种个性的领域是艺术部门或研发部门这类不用和市场、客户直接交流接触的领域，愈远离市场需求，愈适合他们——作为必须时时与市场一线打交道的职场人来说，生就这类性格的话，无疑被判了死刑。

不知道何时该严、何时可以松

有些职场经理，他们要求自己做一个英雄，也严格要求别人达到他的水准。在工作上，他们要求自己与下属工作得“更多、更快、更好”，一周七天、一天 24 小时不间断。结果，他的下属被工作压得精疲力竭，纷纷“跳船求生”，留下来的人无疑会更累，导致离职率节节升高，部门里怨声载道。

这种缺乏同理心、盲目追求业绩的职场人，往往会因为失道寡助而中断自己的职场生涯。

不知道如何与别人进行情感连接

有些职场人完全不了解人性，在他们眼中，人与人的交往中完全没有恐惧、爱、愤怒、贪婪及怜悯等情感，有的只是利益与非利益之分。他们给经销商或客户打电话时，连招呼都不打，直接切入正题，缺乏将心比心、循循善诱的能力，把情绪因素排除在决策过程之外。忽视别人的情感，往往招致别人的拒绝。

正确认识这四大情商死结，有助于职场人绕开职场上的隐形陷阱，改正自己的错误与缺点，从而更顺畅地迈向职场成功之途。

三个步骤：培养你的职场情商

在职场人的职业生涯中，从来没有什么“合理”、“不合理”，只有“巧妙”、“不巧妙”。“能者上，不能者下”的标准衡量体系，其背后的决定因素就是谁的情商营销更加成功。

那么，怎样去开发、营销自己的情商呢？职场人可以从以下三个方面入手：

培养敏锐的情感感知能力，更好地与别人进行情感沟通

职场就像一片大森林，里面什么动物都有，不同的动物必然有着不同的性格与不同的情绪表征。每个人要在这其中愉悦地生存下去，必然少不了与不同的人打交道。而要使别人接受你、理解你，首要一点就是你必须敏锐地洞察到不同人的情绪及性格，知道对什么人可以说什么、可以开什么样的玩笑、什么时候可以说什么话，这些都是情商素质的最基本要求。所以，职场人必须学会细心观察别人的情绪变化，了解别人的性格轮廓，培养自己敏锐的情感感知能力。

提高自我认知能力并让别人清晰感知你的行为认知

职场成功规则之一就是：你希望自己以后成为什么样的人，就必须让别人知道你就是这样一个人。这其中涉及自我定位的问题。

有些职场人希望自己日后成为一名出色的领导者，拥有出色的领导才能与高瞻远瞩的眼光。但是，在平时与人交往中，他却时常表现出草率行事、眼光短浅的行为习惯和性格特征，待人接物时，也根本表现不出半点领导者应该具备的气量与胸襟。这种平常的行为习惯、与别人交往的方式其实在不断地塑造自己的职场形象——如果你希望成为什么样的人，就必须以那一类人的行为习惯、思维方式甚至言语逻辑与别人交往，这种高超的情商模式可以大大加深别人对你既定目标的认知和认可，从而助你达成愿望。

控制自己的情感，以理性而不是感性作为行为的导向

在职场中，一些经理人无论在提拔新人、下达任务还是赏罚下属上，经常会犯的错误就是陷入以个人情感取代职场规则，或者以个人感性判断模糊应有的理性决策的误区。这种私人情感的外溢在某种程度上替代了职场秩序，这是非常危险的事。提拔一个与你感情好的人，解聘一个能干但不讨好你的人；或是给你喜欢的下属减少工作量，将那部分工作量转嫁到你不喜欢的下属身上。这些行为固然可以为你带来一定的关系圈，使得有些人对你死心塌地，但其所带来的破坏性也是巨大的。

纵观业界真正的成功者，几乎没有一个是靠情感行事而成功的。控制自己的情感，以理性的思维去压制感性的情绪，顾全大局、眼光放长远、不以个人情感喜好制定决策，这就是职场人为最终达到成功而必须修炼的情商之“剑”。

职场不相信眼泪，职场人如何面对挫折

导读

职场的发展轨道正是在一次又一次的碰壁、受挫、反思之中渐渐清晰起来的。而在受挫之中，你能否坚定目标、继续努力，将决定你下一步的职场命运——这就是同样身为“蚁族”，有的人很快便能跳越这个阶段进入更高的发展层面，而有的人则始终在原地踏步的原因。

职场不相信眼泪

职场不相信眼泪。这是迈入职场不久、尚处于自我挣扎阶段的职场“蚁族”学到的关于生存的第一课。

自从你离开象牙塔进入职场，温情的理想主义开始褪色，生活显示出其残酷的一面——职场人际关系似乎无比复杂，利益的斗争无休无止，永远参不透的办公室政治让你身心疲惫；自己所擅长、感兴趣的技术无从发挥，为了生存不得不去做自己完全不喜欢的工作；工作无休无止，加班一轮又一轮，更令人痛苦的是自己似乎看不到奋斗的价值所在。这正是无数职场“蚁族”最真实的生存写照，尽管拥有一定的教育经历、不错的专业知识，但在浩渺如海的职场，“蚁族”却永远沉在底层，难以浮出水面。

近年来，笔者常收到刚刚离开大学校园、进入职场不久的年轻人发来的电子邮件，在信中倾诉职场沉浮之辛苦，抱怨理想与现实的鸿沟总是难以逾越。

不必抱怨。每个人都是在挫折与痛苦的摸索中成长起来的。从离开校园踏入职场的那一刻开始，“蚁族”就应该抱着迎接打击的心态——与真理越辩越明一样，职场的发展路向也正是在一次又一次的碰壁、受挫、反思之中渐渐清晰起来的。而在受挫时，你能否坚定目标、继续努力将决定你下一步的职场命运——这就是同样身为“蚁族”，有的人很快便能跳越这个阶层进入更高的发展层面，而有的人则始终在原地踏步的原因。

新的毕业季行将到来，无数的大学“象牙族”开始摩拳擦掌，准备成为“蚁族”新的一员，到看不到尽头的职场中经历沉浮，而许多毕业数年的老“蚁族”还在职场底层挣扎，新老“蚁族”前赴后继的宏大场面是如此动人，只可惜，残酷的生存法则总是令许多理想主义的光环迅速化为泡沫。

职场“蚁族”或许都应该看看影片《跳出我天地》。影片讲述的是 11 岁的矿工之子比利在上了一堂舞蹈课后，被教练的精彩表演深深打动，自此以教练为榜样，矢志成为一名出色的舞蹈家。他一反家里的男孩一定要练拳击的传统，不畏嘲笑与打击，坚持练习自己钟爱的芭蕾舞，最终梦想成真。在恶劣的生存环境下，是榜样的力量让一个弱小的男孩迸发出了巨大的奋斗激情。

对于职场“蚁族”而言，受经验及资历所限，最大的发展障碍就是看不清发展的路向，不知道自己该如何努力、该在哪方面努力，所以尽管他们有着充沛的工作热情，愿意为工作勤勤恳恳、全力以赴，但许多时候却是为了生存而原地踏步甚至与梦想背道而驰。正因为如此，找准榜样、学习榜样、跟随榜样是职场“蚁族”快速成长的一种有效策略。

寻找职场榜样有两种途径：一种是外部榜样，

即向你所在公司或行业以外的成功人士学习，学习他们的成长策略，学习他们遭遇挫折时的良好心态，以其辉煌的成就时时激励自己。如马云、李开复的成功故事就激励了中国无数的职场人士。

第二种职场榜样为内部榜样，即从自己所在公司或行业寻找某个成功人士，尽力跟他建立关系，请求其指点，仔细观察其工作风格、职业奋斗历程，并以其为榜样，尽力去模仿、学习，心中暗下决心，自己有一天也要成为像他一样的成功人士。

我们不提倡崇拜偶像，但不可否认，榜样的力量是极其强大的。榜样的力量就如暗夜中的灯塔，一方面指引着夜行人的方向，另一方面则增强了夜行人的信心与力量。每个人都有仰望他人的时候，每个人都有迷茫看不清方向的时候，而在此时此刻，锁定职场发展的榜样，放低心态，承认自己的不足，向榜样学习，见贤思齐，职场“蚁族”必然可以度过迷茫期，向着更广阔的职场康庄大道挺进。

职场抗压：毫无胜利可言，挺住就是一切

2008 年席卷全球的好莱坞动画片《功夫熊猫》，让所有人都见识到中国功夫与好莱坞电影艺术合奏的奇妙效果。

与其他优秀电影一样，《功夫熊猫》的上映引领了一种新的时尚潮流，引发了观众对于某些人生哲理的思考，同时也捧红了一个新的偶像——一只拥有好莱坞思想的中国熊猫。

从这个角度看，《功夫熊猫》不仅仅是一部娱乐片，同时也是一部对职场新丁极有益处的思想启示片：胸怀远大理想的草根阶层一步步突破自身的发展障碍，并历尽艰苦磨难，最终奔向事业的康庄大道。

在山清水秀的和平谷里，熊猫阿宝是少有的不会武功的居民。又肥又迟钝的阿宝在父亲经营的面馆里工作，父亲希望阿宝能继承面馆，然而阿宝却一心想学武功，成为谷中第一的功夫大师。但是，对向来好吃懒做的阿宝来说，这只是个遥不可及的梦而已。

因大恶魔雪豹太郎即将突破困住它多年的黑牢，并扬言会来和平谷复仇，乌龟大师以坚决的态度顶住重重非议，他相信阿宝的潜能，并决定把这种潜能发掘出来，在短时期内让阿宝变成武功高手……历经种种嘲笑与挫折之后，阿宝以自己对武功的悟性和师傅精心的传授，战胜了雪豹太郎，维护了山谷的和平。

阿宝成才的故事虽然充满了传奇色彩，但与职场发展晋升的逻辑思想极为吻合：每个人都有某种潜力，重要的是如何发现、发掘、发扬这种潜力，在挫折和别人的嘲笑面前，仍然坚信自己，在貌似没有希望的黑夜中依靠微

弱的灯光步步向前，最终走出阻碍自己前进的泥潭，步向成功的彼岸。

作为职场新丁，许多人在刚刚进入职场时，往往看不清前进的方向，甚至因为不熟悉职场的规则而屡屡受挫，更为严重的是，因为受到一点点挫折与打击，许多职场新丁甚至马上会产生怀疑自己能力的心理，轻易就动摇了前进的勇气。从这个角度看，熊猫阿宝的确是值得所有职场新丁学习的榜样。从阿宝身上，我们看到三种最宝贵的职场发展素质：

自嘲的人最乐观

又肥又懒的阿宝是面馆师傅的儿子，除了有一个成为武功高手的“宏大梦想”之外，几乎一无所长。所以，当他在乌龟大师的指导下，幸运地进入武术训练营时，迎接他的是一次又一次的失败与无数冷眼。在这种情况下，阿宝不断用阿Q式的精神来自嘲，在自嘲中使自己能有效地宣泄巨大的压力，以此达到心理的平衡。

胸怀理想的职场新丁在步入职场时，很多时候，其生存境况与阿宝是一样的：迎接他们的往往不会是鲜花与掌声，而是冷眼与嘲笑，是无情的拒绝与严厉的指责。在这种情况下，新丁们要学会适当的自嘲，在承认自身不足的基础上，更坦然地去面对各种挫折，以乐观的心态去接受职场人生的第一场磨砺。

胸怀理想的职场新丁在步入职场时，很多时候，其生存境况与阿宝是一样的：迎接他们的不会是鲜花与掌声，而是冷眼与嘲笑，是无情的拒绝与严厉的指责。在这种情况下，新丁们要学会适当的自嘲，在承认自身不足的基础上，更坦然地面对各种挫折，以乐观的心态去经历这种职场人生的第一场磨砺。

自信的人最坚韧

一次又一次的惨痛失败几乎使阿宝对自己产生了怀疑——在忍无可忍，即将放弃的那一刻，乌龟大师的一番哲语如醍醐灌顶，使阿宝再次清楚地认识到了自己的潜力，重新树立了坚持走下去的信念。

挫折对于职场新丁来说是家常便饭：上司的指责、同事的不配合、客户的投诉等，几乎每个人的职场成长日记中都离不开这些让人心灰意冷的挫折。但是，纵使面临更大的压力，自信的人仍然可以坚定信念，朝目标前进。因此，可以说，自信心的培养对职场新丁来说，其重要性绝不亚于技能的熟练——技能不成熟可能导致进步缓慢，但自信心不足却可能毁了自己整个职业生涯发展的可能性。

在遍布荆棘的职场路途中，没有自信，行之不远。

自强的人最坚强

从面馆师傅之子到功夫高手，这中间的跨度之大让阿宝不敢想象——但在一步步的成长过程中，阿宝历经千辛万苦，激励自己绝不放弃，终于从无字的武功秘籍中悟出了武功的最高境界——以无招胜有招。

对于一个职场新丁来说，自信心与自激力同样重要：前者可以坚定信念，不断朝着目标前进；后者可以让自己在面对挑战与阻碍时毫不动摇，视压力为动力，最终到达辉煌的事业彼岸。

回顾业界，任何一位职场成功者都是自我激励的高手，他们视攀登事业高山为乐趣，视克服艰难险阻为成就，在追求目标的过程中，人生的价值不断得以彰显，最终引领他们走上理想的顶峰。

法国思想家里尔克曾经说：“毫无胜利可言，挺住就是一切。”职场之路是一场漫长的征程，理想没有终结，脚步永远在行走。就如阿宝一样，相信自己，挺住就是一切，这就是最好的职场成长指南。

职场成功关键：你必须培养的四种优秀素质

导读

无论身处什么样的境况，也不论遇到多少次挫折，作为职场奋斗者，你要始终相信一条不变的法则——没有失败，只有暂时没有成功。

他是一个从小口吃、胆怯、害羞的孩子，一个穷得连养家糊口都成问题的男人，一个35岁之前换过40份工作却仍然一事无成的失败者，尽管如此，他依然执著地相信，每个人天生都有做职场新人的潜质，而他终有一天会凭着他的职场新人潜质成为亿万富翁。

一个不可思议的成功梦想被这个从不言弃的人实现了——他就是世界头号营销大师乔·吉拉德。

身为一个受过生活残酷磨炼的人，乔·吉拉德对如何从零起步、成长为一名优秀职场新人有着深刻的理解。他相信每个人都有成功的潜质，每个人都可以成为优秀的职场达人，而我们所要做的最重要的工作就是发现自己的潜质，并激发、发挥这种潜质。

当我们回顾许多伟大的成功者的人生历程时会发现，每一位成功者都是天生的自我激励高手，无论他们从事何种工作，无论他们的生命起点是如何之低，他们对自我梦想的实现始终抱有强烈而坚定的意志。太多的成功者在并不乐观的条件下，向全世界推销了他们的梦想。松下幸之助成功向世界推销了日本产品的新形象，比尔·盖茨向世界推销了一个个人电脑进入千家万户的梦想，类似的例子不胜枚举。

从松下幸之助、比尔·盖茨、乔·吉拉德，再到其他成功者，他们的成功固然离不开天时地利，离不开时代赋予的种种机遇，但在他们的生命底色中，有些素质是与生俱来的，那就是作为一名优秀职场人的四大优秀素质。正是这四大优秀素质，使得他们在历尽艰难挫折之后，最终成就辉煌事业。

素质一：自我认知力

对于一名追求成功的职场新人来说，无论你现在处于什么状态、从事什么行业，只要你能深刻地认知自己，明白自己的长处与短处，你就有了成功的可能。

全面、准确、深刻地认知自己是困难的，但这无疑是一种出色的能力——许多出色的职场新人共同拥有的一种素质就是：他们都清晰地知道自己的优势何在、自己能做什么、自己要往什么方向前进。

在这个浮华喧嚣的社会中，自我认知能力能够让职场新人冷静地分析自己与外界的关系，判断自己的优势与劣势，从而清晰地找准自己的位置。

华人首富李嘉诚早年生活艰苦，经历过无数磨难。少年时，他曾在香港的茶楼里做侍应生，虽然身为侍应生，但那时的李嘉诚有个远大的梦想，那就是要成为一名实业家。可是，像他这样没有后台、没有本钱的人，该怎样投身实业呢？

早熟的李嘉诚自小对自我有强大的认知能力，他相信自己有做销售员的潜质，而且做销售员可以更快地积累资本，早日为自己实现成为实业家的梦想。在这种强烈的自我认知的引导下，17 岁的李嘉诚大胆地迈出了新的一步，他辞掉了茶楼里安稳的工作，成为一家塑胶厂的推销员。

在辛苦的推销生涯中，尽管经历了种种艰苦困厄，但李嘉诚毫不退缩，因为从 17 岁那一年，他就深刻认识到了自己的定位与能力，他相信自己的判断，相信凭着自己的潜质终会成就一番惊人事业。

李嘉诚的成功，虽然有机遇的垂青，但更多是他强烈的自我认知以及不懈努力的结果。

自我认知的能力对职场新人来说是如此重要——它让每一位职场新人冷静地判断、分析自己的职业发展前途，从而制订切实可行的发展方案，而不是成天抱着一夜暴富的幻想，欺骗自我，最终一事无成。**自我认知也是一种成功的暗示，可以让我们在充满压力与挑战的职场生涯中，在最失望、最困厄之时，依然能看到远方摇曳着的希望之灯，鼓励着我们不断努力、不断向前，最终抵达辉煌的彼岸。**

素质二：自激力

对于职场新人来说，自激力很多时候是一种比口才更重要的素质：口才不好可能会让你错失某个客户，而不懂得如何激励自己则可能导致职场生涯提前终结。

日本保险界最成功的推销员原一平，因为幼时家境富裕，他从小就像个标准的小太保，叛逆顽劣的个性使他恶名昭彰而无法立足于家乡，后来家道中落，他在 23 岁时不得不离开家乡孤身到东京打天下。

原一平刚刚涉足保险行业时毫无经验，不仅言辞笨拙经常得罪客户，而且由于身材矮小饱受讥笑，作为一个曾经家境富裕的贵公子，那时的生活，仿若天空一下子塌了下来。

但这一切并没有打垮原一平，贫富两重天的生活变化令他明白激励自己的重要性——在原一平的内心，他时刻为自己燃着一把“永不服输”的火，激励着他愈挫愈勇。

27 岁时，原一平的业绩成为全公司之冠，并且夺取了全日本的第二名。36 岁时，原一平成为美国百万圆桌协会成员，他协助设立了全日本寿险推销员协会，并担任会长一职长达数十年。因他对日本寿险行业的卓越贡献，日本政府授予了他最高殊荣奖。

原一平辉煌的职业生涯是由一连串的成功与挫折构成的，他的成功是一个自我激励、自我超越的过程。

自激力是自信心与意志力的综合体。作为职场新人，在工作中最常遇到的往往不是笑脸与鲜花，而是无穷无尽的压力与挑战。所以，对于追求成功的职场新人来说，拥有强大的自激力非常重要。这种力量使他们不再害怕压力，因为他们清楚，没有压力，就不会有辉煌成就；这种力量使他们不再畏惧挫折，因为他们对此甘之如饴，生命的乐趣就蕴涵在挑战与征服中。在职场新人的生涯中，压力与挫折是磨炼意志的修行场，自激力则是协助职场新人攀上成功顶峰的垫脚石。

素质三：判断力

判断力有多重要？

在 IBM 的大型主机还主宰着商业社会时，比尔·盖茨就预见到个人电脑必然会普及："让每一个家庭的每张桌子上都运行着一部电脑，每部电脑里面都运行着微软的软件。"正是这种对行业发展趋势、对市场发展方向的深刻分析能力让盖茨数度笑傲福布斯全球资产排行榜。

对于职场新人来说，判断能力就是大海航行时的方向标：在茫茫职场中，你必须能够判断出哪里有职场新人的机会，哪一些会是潜在的客户。

奥姆是美国赫赫有名的职场新人"教父"，他最成功之处并不在于他的说服能力或推销技巧，而在于他独具慧眼，总能发现一般职场新人无法发现的商机。

当奥姆还是保险公司一名小小的推销员时，有一次他偶然经过一家小公司，从外面看到这家公司里有十几个人正在忙碌地、跑来跑去地组装个人电脑，办公室的桌子上堆满了线路板和各种机箱。办公室虽然简陋狭小，但在奥姆看来，这家公司充满了勃勃生机，具有无限的发展潜力。

虽然奥姆服务的客户都是大公司，但这一次，他提出要见眼前这家不起眼的小公司的主管。有人把奥姆带到了一个 20 岁的年轻人面前，这个年轻人当时正在一张黑色的桌子前工作。奥姆与他详谈之后，预感到这个年轻人创建的公司会有一番大作为，奥姆说服年轻人接受了他们的保单。

但是，奥姆所在的保险公司在政策上不接纳雇员少于 50 人的公司作为投保对象，而这位年轻的家用电脑领军人物的公司只有 16 个雇员，奥姆决心挑战这个屏障，因为他有预感——这家小公司一定会有大发展。

奥姆找到自己的经理和有关组织部门，以及所有他能找的人，试图破除这个政策上的限制，经历多次挫折与失败，奥姆甚至签下了“军令状”，终于使公司调整了原先的政策，接纳了这家小公司的保单。不出一年的时间，这家只有 16 名员工的小企业就发展到了拥有 500 名员工的大企业！而当时站在桌子前工作的那个年轻人就是迈克尔·戴尔。

像奥姆一样，出色的判断能力对于职场新人来说往往是成功的起点。判断能力来自直觉与经验的结合。如果说直觉是源于个人主观的感受，那么经验则是不断学习与磨炼的结果。任何一个成功的职场新人，都必然要经受长时间的磨炼，才能练就准确的商业与社会判断力。

素质四：学习力

张伟是一家软件企业的 IT 销售经理，由于他所服务的企业客户分布在不同行业，所以经常会有各种不同的问题等待张伟解决，但张伟凭着自己快速的学习能力，在最短的时间内了解客户的企业背景与相关知识，继而提出有针对性的专业化服务，从而赢得了客户的赞誉。

有一次，张伟代表公司去参加一家大型房地产企业的软件系统招标工作。除了张伟所供职的公司之外，其他几家参与投标的 IT 企业都有着丰富的房地产软件系统开发经验，虽然张伟所在的公司没有这方面经验，但在业界有良好的声誉，所以招标方也邀请了他们参加。

由于面对强劲的竞争对手，且自身在这方面无充足的经验，所以张伟的领导对公司中标几乎不抱希望。但张伟却没有放弃，他认为自己的公司虽然没有房地产软件系统方面的直接设计经验，但是在其他方面的技术优势完全可以弥补这方面不足。

从收到招标书到向客户介绍项目设计构想中间有一个星期的时间，在客户面前清楚地阐述自己公司的优势以及对项目运营的构想是能否中标的关键。抱着尽力拼搏的信念，原先对房地产行业一无所知的张伟，找来了大量的行业资料仔细研读，连续三天三夜恶补房地产方面的知识。此外，他还根据招标方的企业发展情况，与公司的技术开发员仔细探讨系统设计的一些创新性构想与细节性问题。

一个星期下来，张伟整整瘦了一圈，但他对房地产行业已有了充分的了解。在面向客户的项目说明会上，张伟深入浅出地阐述了自己对项目运营的整体想法，他对项目运营所表现出来的专业性与理论高度使客户深深折服，最后力克群雄，赢得了合同。

在入行一年后，由于业绩骄人，张伟由一名普通的销售人员升职为大客户销售经理。在竞争激烈的销售行业中，张伟凭着出色的学习能力，成功地跨越了许多障碍，为客户提供最专业的服务，赢得了客户认可。

时代不断变化，客户也在不断成长。在这个飞速发展的时代，除了变化，没有什么东西是不变的——而学习则是让职场人士了解外部世界、跟上客户步伐的最有效途径。

但是，许多职场人认为只要经验丰富就可以应付一切，所以他们对学习的积极性并不高。这种错误的思维往往局限了他们的发展空间，令他们停滞不前——许多入行多年的职场人会发现自己虽然在某一方面有充足的经验，但达到某一高度之后就无法突破，在职业发展上难以获得更大的进展，甚至被一些更年轻的后来者超越。

究其原因，个人学习能力欠缺往往是局限其发展的重要原因——在一个瞬息万变、一日千里的商业社会中，客户的需求不断在变化，如果职场人只凭以往的经验，而没有及时、充分地更新知识，也没有去了解行业最新的发展情况，他们在面对其他准备充分的竞争对手时就容易处于劣势，同时也难以针对客户的最新需求提出最有效的解决方案。

擅长学习者不一定都是成功者，但成功者必然是擅长学习者。纵然如李嘉诚这类商业巨子，在年逾七旬之时，依然坚持每周读完三本书、几本杂志，让自己时时能了解社会发展的最新知识。而对于身处瞬息万变的社会中的职场人来说，学习新知识，了解社会、行业及客户的最新情况是一项必不可少的工作。

从职业发展的角度来看，职场新人应该从以下三方面去培养、提高自己的学习能力：

及时了解行业信息与技术发展

职场人只有在对行业信息充分把握的基础上，才能向客户提出专业的建议，才能就某些问题与客户进行深入探讨。成为专家型的人才逐渐成为社会对职场人的一个基本要求。

快速地汲取最新知识，了解社会发展趋势

随着社会与市场的发展，很多项目的运营往往需要多方面的知识互相支持与配合，所以职场人在通晓本行业的专业知识之外，还应多了解其他方面的资讯，从而多角度、多形式地为客户提供出色的解决方案，最终赢得客户的认可。

职场生涯就像一场战斗，是一场不间断的、让人无喘息余地的追逐。在一次次胜利背后每每夹杂着许多失败和挫折，在喜悦、期待与得意之中往往附加着沮丧、拒绝和失望。无论身处什么样的境况，也不论遇到多少次挫折，你要始终相信一个不变的法则——没有失败，只有暂时没有成功。

根据客户需求，快速学习相关知识

一些职场人士经常要面对不同行业的客户，而这些客户由于背景不同，他们的着眼点与侧重点也各有不同，职场人士要赢得客户对自己专业性的认可，必然要了解客户行业的信息。通过出色的学习能力，深刻地了解客户需求，这就是许多职场人成功的秘诀。

对许多职场人来说，职场生涯就像一场战斗，是一场不间断的、让人无喘息余地的追逐。在一次次胜利背后每每夹杂着许多失败和挫折，在喜悦、期待与得意之中往往附加着沮丧、拒绝和失望。无论身处什么样的境况，也不论遇到多少次挫折，你要始终相信一个不变的法则——没有失败，只有暂时没有成功。

没有失败，只有暂时没有成功。如果你秉持这一信念，如果你一直为此努力不懈，那么，恭喜你。因为，下一个乔·吉拉德可能就是你！

职场生存：以“笨”制胜

导读

很多时候，他们是同事眼中不识时务的顽固者，是别人眼中环境反应的迟钝者，但经过多次考验之后，这些“迟钝者”却往往以其坚韧不拔的精神最终获得了管理者的赏识，成功实现了晋升的梦想。

在职场生态圈中，“钝”也能成为一种力量或优势。

作为企业咨询顾问，笔者经常有机会与不同公司的管理者交流。在谈到公司人才时，笔者经常问他们一个问题：你认为公司里最优秀的员工是什么样子？你最赏识他/她哪一点？

“很能干”、“我喜欢他的执著”、“最优秀的员工就是对公司忠诚度最高的”……他们的回答莫衷一是，似乎一千个管理者眼中就有一千种不同的优秀员工。

如果说优秀的管理者必然会有某些共性，如高瞻远瞩、善于提升士气等，那么，优秀的人才也必然会有某种共性存在，这种共性会是什么呢？

“最优秀的员工都有一种看不见的韧力，他们不一定是最有能力或最聪明的，但他们一定是对公司的‘生态环境’洞察得最深刻、理解得最全面、把握得最到位，从而能够以最合适的状态及心境去应对一切变化的人。”一位民营企业的老总这样说。

对此，笔者深以为然。

的确，在对多家公司进行仔细观察后，我发现那些被管理者视为优秀人才的员工，他们除了具有一般的优秀品质之外，还具有一种韧力——在与公司共同发展过程中，无论是处于逆境还是顺境、面对表扬还是批评，都无法轻易动摇他们对于自己工作能力或自我价值的判断。

很多时候，他们是同事眼中不识时务的顽固者，是别人眼中环境反应的迟钝者，但经过多次考验之后，这些“迟钝者”却往往能以其坚韧不拔的精神最终获得管理者的赏识，成功实现了晋升的梦想。

在职场生态圈中，“钝”也能成为一种力量或优势。

李航为何能胜出

李飞与李航都是顺达公司刚聘入的两个高级营销人才，两人均出任公司的营销副总监，分管不同的市场，共同向总经理及董事会汇报。

经过多年的发展，顺达公司已经成为所在行业的领军企业之一。但同时，公司面临的挑战与压力也与日俱增：一方面竞争对手步步进逼，公司的市场不断受到蚕食；另一方面，营销体系及相应的制度都有些混乱，区域市场的管理出现许多漏洞。顺达公司引入李飞与李航这样的高级营销人才，正是为了解决公司当下面临的问题与挑战。

从工作背景来看，李飞和李航二人极为相似：都毕业于名牌大学，都曾任职于著名的跨国公司，而且二人都对工作充满高度的热情与信心，迫切希望通过自己的努力成就一番事业。在公司欢迎会上，两人都向董事会许下重诺——一年半之内会让自己所负责的区域市场大为改观。

在正式接过令箭牌之后，两人做的第一件事就是对自己所负责的区域从人员、营销体制、激励体制等方面，进行大刀阔斧的改革，并引入外资公司的成熟制度进行实践。

虽然职业背景非常相似，但李飞与李航两人的工作作风却大相径庭。李飞很有外企职场人的工作风范，做事雷厉风行，而且说话直言不讳。他的洞察力与市场判断力让许多下属很是佩服。

而李航却很像职场版的“许三多”，平时总是憨憨而笑，性格不温不火，做事从不急进。许多人都认为李飞将会比李航更有可能做出成绩。

由于李飞与李航对区域市场进行大改革，触及了公司诸多人员的利益。在他们上任几个月后，一些员工产生了抵触情绪，各种各样的非议纷至沓来，更不断有人写匿名信编造各种理由举报他们，李飞与李航都面临着自上任以来最大的压力。

李飞的性格火爆、急躁。他对于那些无中生有的指责表现激烈，同时对公司管理层的询问又表现出极大的反感，认为领导层应该给予自己充分的信任与支持，而不是以这些莫须有的指责扰乱自己的情绪。

在一次内部营销会议上，李飞按捺不住怒火，对着所有营销经理怒吼：“我是个光明磊落的人，你们要是对我有意见就当面提，哪个龟孙子要是再敢在我背后放暗箭，给我小心点!”

李飞的激烈反应让当场所有人都吓了一大跳，谁也没想到李飞的性格像个太阳下暴晒的炮竹，一点就炸上云霄。

此外，为了实现既定的目标，李飞不断向区域经理下死命令，不断地开会督促。一旦某一项任务没有完成，李飞会表现得怒发冲冠，并以降职、减薪、裁员等手段威胁团队必须如期完成任务。

李飞的情绪化表现非常明显。他心情好时可以与团队打成一片、称兄道弟，整个团队都洋溢着积极的情绪；但每当他情绪低落时，他便整天阴沉不语，经常为一点小事迁怒于人，使其下属根本不敢与他沟通。更严重的是，他经常怀疑某些下属暗地里向公司管理层打他的小报告，所以经常以此为借口训斥下属，互相猜测与怀疑的情绪在李飞的团队中不断蔓延。

李航的表现则平静得多。虽然也肩负重担，但他似乎表现得有条不紊。无论是布置任务还是推进工作，无论是取得成绩还是遇到障碍，他都能够心平气和地与团队共同研讨对策。而对于各种各样的非议与批评，李航充耳不闻，依然淡定自如，他似乎并不太在意别人的评头论足，只是一心走自己的路。

“在任何公司中，利益冲突是难免的，但都是为了工作，日久见人心，冲突总会化解的。”面对着重重压力，李航这样说。

更令下属佩服的是，由于某区域经理的失误，导致业绩下滑，整个团队受到董事会严厉批评时，李航一个人顶住压力，耐心向董事会解释了其中原因，并提出了接下来的应对措施以及未来的发展前景，从而取得了董事会的谅解。他的从容不迫与勇于负责给整个团队以极大的信心，虽然他从未在团队面前许下过任何豪言壮语。

一年半过去了，李飞与李航都以各自的方式顺利完成了向董事会承诺的目标。公司管理层决定提拔两个人中的一个出任营销总经理，在经过许多方面的考察后，多数员工支持李航升任营销总经理，原因很简单，虽然李飞的能干让人佩服，但李航的“钝”让人有持久的信心。

在公司内部的总结会上，总经理这样评价两个人：“李飞是个将才，但李航更像是帅才。敏于心，钝于外，这就是我们所期望的稳健型领导者。我们相信李航在面对压力与挑战时，更能从容地去面对并克服，他有一种看不见的韧力。”

钝感是一种大智若愚的智慧

“钝感力”一词是日本作家渡边淳一的发明。按照渡边淳一自己的解释，“钝感力”可直译为“迟钝的力量”，即从容面对生活中的挫折和伤痛，坚定地朝着自己的方向前进，它是“赢得美好生活的手段和智慧”。

若单纯按照字面的意思来理解，我们可以将之定义为对周遭事物不过于敏感的能力。但这并不意味着“钝感力”等于迟钝，它强调的是对艰难险阻的一种耐力，是厚着脸皮对抗外界的能力。它是一种积极向上的人生态度。

相对“敏感”而言，“钝感”更像一种大智若愚的生存智慧。由于生活节奏的加快，现代人往往过于敏感，这样就容易受到伤害，而钝感虽给人以迟钝、木讷的负面印象，却能让人在任何时候都不会烦恼、不会气馁，钝感力恰似一种不让自己受伤的力量。在各自领域取得成功的人士，其内心深处一定隐藏着一种绝妙的钝感力。电视剧《士兵突击》中憨直呆板的许三多最终成就了“许三多式”成功，正好说明了钝感力的妙处所在。

职场就是一个个不同的生态圈，在这种生态圈中，每个个体或群体之间的竞争或斗争在所难免，弱肉强食、优胜劣汰也是常态。保持一定的敏感度是必要的，但是更为重要的是对自己价值的内在认同，对实现目标的坚定不移，从而在努力过程中，有意识地排除各种杂音与干扰。正是这种貌似“迟钝”的顽强意志，使人能够突破重重障碍，步步向前，最终实现自己的发展梦想。

《麦兜响当当》给我们的启示

每一个职场新人在进入职场之前，都应该看看《麦兜响当当》这部电影。

《麦兜响当当》作为第四部麦兜系列动画电影，依旧秉承着其一贯的温情和无厘头的搞笑风格，快乐中带着淡淡的忧伤。这部影片上映后的一个多月里，叫好又叫座。沉闷的职场上，一股麦兜的潮流如清新的空气般席卷而来，麦兜迷们以麦兜为榜样给自己打气。

《麦兜响当当》的流行毫不令人惊讶。在这个聪明人过剩的时代，聪明人不再是稀罕物，没有多少人喜欢那些聪明到狡诈的家伙——相反，职场上、生活中，那些看起来笨笨的、钝钝的、善良的、憨厚的人，成为这个精明时代的“宝贝”。拥有这样一个同事，拥有这样一个朋友，会让人打心底感到踏实。

从这个角度，我们可以理解为何像麦兜一样的人物，如《士兵突击》中的许三多、《功夫熊猫》中的熊猫阿宝、《冰河世纪》中的树懒希德、《怪物史瑞克》中的史瑞克，这些经常被捉弄、被嘲笑的家伙，最终总是以他们的“笨”精神深深打动我们。

“我名叫做麦兜兜，我阿妈叫麦太太……我最喜欢吃麻油鸡，我最喜爱吃鸡屁屁，一起吃鸡，一起来歌唱。”右眼上有个胎记的麦兜，性格单纯乐观，资质平平，却有很多梦想。希望、失望，希望、失望……一个接一个，麦兜经历的都是失败，但麦兜还是凭他正直善良的“笨”精神执著地去追求他的梦想。

“钝感力”可直译为“迟钝的力量”，即从容面对生活中的挫折和伤痛，坚定地朝着既定的方向前进，它是“赢得美好生活的手段和智慧”。

从某个层面上看，《麦兜响当当》是一部最佳职场励志电影：许许多多的职场人特别是职场新人，其实就像麦兜一样，资质平凡、其貌不扬、没有良好的家庭背景，在漫长的职业奋斗征程中，屡战屡败，屡败屡战。所以，对于职场“麦兜”们，必须学会如何避己所短、扬己所长，以麦兜不怕输的精神激励自己，以善良、开放的心态构建融洽的同事关系，一步步朝自己梦想的目标前进。

抛开麦兜的种种缺点不说，麦兜身上最值得我们学习的就是他的“钝”的精神。

如果说敏感力是一种外在的洞察力，那么钝感力则是一种内在的坚持力。相对于洞察力，坚持力是一种更持久的耐力与爆发力。在当下职场生态圈中，有太多的聪明过头的人，有太多的见风使舵者，所以像麦兜这样的“钝”者，某些时候反而更能赢得别人的信服，获得意想不到的晋升机会。

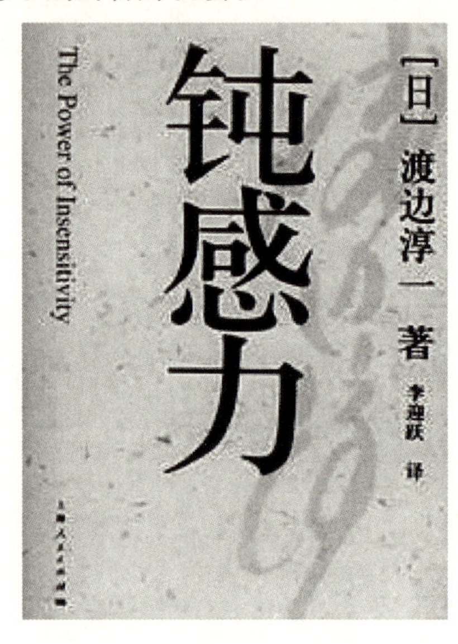

链接：渡边淳一与《钝感力》

“钝感力”一词是日本作家渡边淳一的发明。按照渡边淳一自己的解释，“钝感力”可直译为“迟钝的力量”，即从容面对生活中的挫折和伤痛，坚定地朝着既定的方向前进，它是“赢得美好生活的手段和智慧”。中文里连“钝感”这个词条都没有，只在科技领域有“钝感机理”、“钝感剂”等说法。

钝感是一个心理学名词，与“敏感”意思相对，两者词性相同，互为反义词。钝感是人的动作活动反应慢度的标尺，被用来描述人的活动速率。钝感系数越高则表示人对外部反应越迟钝，同时其敏感度也越低，人的思维只有在钝感系数与敏感系数相平衡时才更容易保持较为理性的思维；否则反之。

接受记者的采访时，渡边表示自己早在二三十岁时就发觉了钝感力的重要性，“这个世界不过是一场生存游戏，所以必须要有顽强的意志。而要保持甚或加强自己的生存能力，钝感力是必不可少的。与其有锐利的敏感度，不如有对于大多数事物不气馁的这股迟钝的顽强意志，这是得以在现代社会生存的力量，也是一种智慧”。

渡边淳一以自己的创作经历来了个现身说法：“当初还是文学新人的时

候，经常遭编辑退稿，并受到严厉的批评。我对这些就很迟钝，只觉得对方不采用我的稿件是因为他没有欣赏能力。如果当时因过于敏感而消沉下去，也就不会再写小说了。”

日本评论界认为，钝感力听上去会给人非常负面的感觉，但可以将它解释成“有意义的感觉迟钝”，它试图传达出不因眼光长短而喜忧、保持信念往前走的重要性。《读卖新闻》的书评则干脆搬出了诺贝尔生理和医学奖得主利根川进博士的原话：“我带有某种迟钝，只能依稀看到对大家来说显而易见的东西”，以此来佐证“迟钝”恰恰能够帮助他摆脱世间常识的羁绊，出人意料地取得“世界性的发现”。

钝感虽然有时给人以迟钝、木讷的负面印象，但钝感力却是我们赢得美好生活的手段和智慧。

钝感力有五项铁律，分别是：

（1）迅速忘却不快之事。

（2）认定目标，即使失败仍要继续挑战。

（3）坦然面对流言飞语。

（4）对嫉妒和讽刺常怀感激之心。

（5）面对表扬，淡定自如。

学会听懂职场“鸟语”，
学会找到职场“靠山”

导读

对每一个职场人士特别是职场新人来说，听不懂“鸟语”危害甚大：轻则使你难以与同事融洽相处，重则可能触及老板或上司的雷区，逆他之意，令他觉得你不是一个可以信赖的人。

阿光刚刚跳槽至一家饮料公司担任市场部副经理，公司的老板是台湾人。自入职之日起，阿光就努力工作，希望得到老板的认可。老板是一个平易近人的人，平时也喜欢与员工们打成一片，他对阿光的努力与业绩很是认可，多次在公司里公开表达对阿光的赞赏，这让阿光很有知恩图报之心。

在公司举办的一次全国范围的渠道商会议上，有渠道商向阿光的老板提出希望公司追加市场推广费用，加大电视广告宣传的投放，这样才能协助渠道商扩大市场销售。老板听完此话后静默了几秒钟，说了一句："你的意见我赞同。加大市场投放是好事，但我们内部可能要再探讨探讨。"接着，老板转头问阿光的意见。阿光是市场推广部的，当然清楚市场推广对销售的促进作用，因此他当时就顺着经销商的意思，将加大广告投放的好处滔滔不绝地介绍了一番。

当阿光说完之后，下面不少经销商就附和起来，大声嚷嚷说今年市场不好做，如果公司不加大广告投放，他们就没办法完成销售任务。在经销商的压力之下，公司老板不得不当众许诺第一季度追加广告投放费用100万。

渠道商会议之后，老板将阿光叫到办公室，黑着脸训斥了他半个多小时，说阿光没有听懂他的意思，反而逆他的意。这时阿光才明白，刚才在大会上，老板所谓的"赞同"是表面之词，实际上是不愿意加大投入的。他原本希望阿光听懂他的"暗语"，替他出面回绝经销商这种不切实际的要求。

职场里到处充满如传译密码一样的"鸟语"，亦即暗语。有时上司在某种公开场合不好向下属直接阐述意见，会使用意思模糊甚至相反的"鸟语"；有时同事之间的交流，碍于面子或顾及同事关系，同样会使用让外来者或新人摸不着头脑的"鸟语"。

对每一名职场人士特别是职场新人来说，听不懂"鸟语"危害甚大：轻则使你难以与同事融洽相处，重则可能触及老板或上司的雷区，逆他的意思，令他觉得你不是一个可以信赖的人。

职场暗语与企业"潜规则"一样，都属于企业文化底层的一部分，它们不会被诉诸文字，也不会被公开告知。这是一套在特定企业制度、企业文化、领导者意志影响下，无意识中形成的似是而非的语言系统。识别这些暗语，读懂同事所表达的弦外之意，对任何一个职场人士都是有实际意义的。

如何识别职场暗语

要识别职场暗语，可以从下面两个角度入手：

察言观色，了解不同人信息表达的不同方式

职场暗语作为一种非常规式的表达方式，不是所有人都习惯通过它去传递信息，所以，同样的信息之于不同的人就有很大的表达差异：有些人对喜怒哀乐从不掩饰，有些人习惯以不动声色来掩饰自己的情绪，有些人则喜欢说反话，反过来表达情感。所以，要识别别人所说的话是正话还是反话，是暗语还是明语，重要的一点就是了解说话者一贯的表达方式与表述习惯，从而确认其言语表达中是否存在暗语。

理解说话者的语境与立场

语言表述的真正意义除了话语本义之外，与表述者所处的语境同样密切相关。同样一句话，其实质意义可能由于说话者所处语境的不同而有天壤之别。

员工做错了事，上司批评他可能有两种完全不同的方式：一是将他叫进自己办公室，语气严厉地批评他一顿，然后再鼓励他几句；二是在公司大会上或当着其他员工的面，表面言语温和，其实暗含批评。毫无疑问，第一种方式的意思表达是直接的，属于明语表达；而后一种方式则是暗语，领导者为顾全受批评者的面子，将尖利的批评言词包装在波澜不惊的话语中，目的是希望受批评者听出其言外之意，并予以改正。

同样，在日常沟通中，哪一些语言表述属于暗语或者存在双重意义，识别者一定要考虑言语者叙述时所处的语境，以及言语者说话时所处的立场，这些都是正确鉴别信息的关键因素。

听懂“鸟语”、看懂“鸟语”，这不仅是职场人士必须具备的一种能力，在现实生活中同样有重要的作用。

2008 年推出的电影《达·芬奇密码》是一部关于解读密码的悬疑片杰作。巴黎罗浮宫声望卓著的馆长雅克·索尼埃被谋杀，索尼埃赤裸的尸体是以列奥纳多·达·芬奇的名画《维特鲁威人》的姿势在罗浮宫被发现的，索尼埃死前在身边写下一段隐秘的信息并且用自己的血在肚子上画下五芒星的符号。随着警察追查以及解密，一些达·芬奇的著名作品（包括《蒙娜丽莎》和《最后的晚餐》等）中隐含的秘密都一一浮出水面。

作为职场人士，我们当然不需要有解读达·芬奇的密码那样高超的技巧，但解读职场“鸟语”的基本能力还是必须要具备的。这既是我们情商能力的一种表现，也是我们迈向更高职场平台所必须具备的素质。

职场新人：不仅需要听懂“鸟语”，更需要“靠山”

一位刚工作不久的职场新人向笔者诉苦，说他在一家公司工作才半年，就莫名其妙地被辞退。“我的工作态度一直很积极、很认真，而且经常加班加点，为何公司对我如此无情？”他满腔的愤懑之情溢于言表。

他所在的公司是一家组织结构复杂、内部竞争激烈的大型企业，笔者问他：“在这半年时间中，你经常跟公司一些资深人士沟通吗？有没有拜过一些师傅？”他摇了摇头。

笔者虽然对他丢掉工作的原因并不完全了解，但如果他在一个关系复杂的组织中，没有与任何一个资深人士有较好的沟通，没有与其中一些人建立比较好的关系，这至少说明他在内部沟通方面是失败的，这或许也是导致他被辞退的导火线。内部拜师的重要性在于：

（1）可以让你在经验与技能提高上得到许多指点。

（2）师傅通常都是工作时间较长的资深人士，他们对组织中各种“潜规则”与隐形陷阱非常清楚，有他们的指点，可以使新人避免步入误区。

（3）作为资深人士，师傅一般在组织中有一定的影响力与话语权，他们对某个新人的意见与看法，往往能影响新人在组织中的命运。如果能与师傅建立良好的关系，他们往往能在关键时刻对新人的职业生涯起到重要作用。

不同的师傅有不同的性格和兴趣爱好，新人要如何与这些师傅建立有效的沟通，取得他们的信任呢？“坦诚主动，投其所好”这八个字可以说是一个有效的指导方针。

不同的师傅有不同的性格和兴趣爱好，新人要如何与这些师傅建立有效的沟通，取得他们的赏识和信任呢？“坦诚主动，投其所好”这八个字可以说是一个有效的指导方针。

坦诚主动，指的是沟通的态度，新人必须主动地、怀着诚恳求教而不是利益之心去与师傅接触。作为同事，公司的资深人士一般不会拒绝新员工主动要求沟通的请求。投其所好，是指新人必须对师傅的特点、性格、专长有所了解，然后采用最容易被其接受的方式去与他接触，无论是正式的业务探讨、技术请教；还是非正式的邀约，如打球、旅游、吃饭、闲谈等，每一个人都有自己的兴趣爱好，只要投其所好，沟通起来自然就顺畅得多。

李开复刚刚加入微软时，为了尽快与公司中、高层经理进行有效沟通，他强迫自己每天中午约公司一位中层以上的经理吃饭，在他主动、诚恳的邀约下，绝大多数经理都如期赴约，双方在有效的交流中加深了彼此的认识，也建立了一种互信的基础，这为李开复日后在微软的发展提供了很大的帮助。

有一些“头”不能乱出，有一些底线不能随便跨越

导读

要当职场“出头鸟”，需要的不仅仅是勇气，更需要策略、计谋及等待恰当时机的耐心，盲目当“出头鸟”只会令自己败走职场。

盲目当“出头鸟”只会令自己败走职场

锐旗公司是一家民营手机连锁销售公司，平时公司工作繁忙，员工们经常加班加点，特别是每逢重大节日，公司员工都必须全体上阵，应对销售旺季的工作重压。由于公司工作性质的原因，员工们都非常关心公司的加班补贴制度，希望得到相应的假日补休或工资补偿。

国庆后上班的第一天，公司员工们收到了一封由公司人力资源管理部（HR）经理发出的信，HR 经理在信中阐述了公司关于员工加班的一些规定，其中一点是，员工在国庆期间加班，公司按照正常日工资的一半给付报酬。

虽然公司执行此制度已有一段时间，但这一邮件在新员工中引起了强烈反响。有员工在回复邮件中指出，国家已规定法定节假日加班，工资应按平时的三倍计算，若只按半天计算，差距实在太大；也有员工回复邮件说，公司是否可以考虑在补偿工资之外，采取补休制度进行替换，因为有的同事更

需要的是休息时间而不是金钱补偿。

在短短半天时间中，回复邮件的员工超过数十人，但措辞运笔基本上都很平和，希望公司领导对加班制度进行重整。

陈明是该公司一名主管，服务公司已有好多年时间。在此次邮件“抗议”风波中，陈明认为自己是老员工，应该对此事发表更多意见，这样一来，一方面可以在新员工中树立自己“为民请命”的威信，另一方面也可以让公司领导更加关注自己的存在。

于是，他在公开的邮件回复中，阐述了行业以及其他公司一些加班制度，暗指锐旗公司制度不合理，并用调侃的语气说公司员工都是新时代“杨白劳”，同时也提出了一些切实可行的改进措施。

陈明的邮件有理有据，而且描述精彩，再加上他熟知公司许多内幕，所以此邮件一经群发，立即成为全公司上下谈论的焦点。“加班”抗议事件迅速升温，甚至惊动了媒体。

陈明的精彩谏言并没有如他所愿——在新员工中树立威信，在领导中得到重视。相反，群情汹涌的反对意见令公司领导坐立不安，领导将陈明严厉训斥了一顿，两个月后，公司编了一个借口将陈明开除出门。

像陈明这样的“出头鸟”，每一家公司都有。“出头鸟”甘愿出头的原因无非三个：无意识冲动一时兴起、默默无闻希望一鸣惊人、希望自己的利益诉求得到优先解决。其中，因第二个原因“出头”的“鸟”最多——多数“出头鸟”不甘在公司默默无闻不受重视，希望借机表达观点、展现才能，从而迅速上位。

平凡的员工是否可以通过当“出头鸟”的方式迅速上位？答案是肯定的，但“出头”方式必须是有技巧有策略的。在这方面，我们或许应该向电影《因为你爱过我》中的主角塔莉·阿特沃特学习。

电影《因为你爱过我》讲述的是一个叫塔莉·阿特沃特的女播音员的成长历程。她是迈阿密新闻台一个默默无闻的工作助理，却想尽一切办法让自己受人关注。有一次，一位气象新闻主播因抗拒穿雨衣上镜而罢工，在制片人急得团团转之时，塔莉·阿特沃特主动向制片人强力推荐自己，表示自己愿意穿雨衣上阵，终于获得了播报的机会，并因此一炮走红。

在多次与制片人沟通的过程中，塔莉·阿特沃特总是保持自信的微笑，被拒绝时也不放弃，她更懂得察言观色，伺机而动。“主动，选对时机”，是跟上司沟通、争取机会的不二法门，塔莉·阿特沃特借此最终成为一只成功的“出头鸟”。

塔莉·阿特沃特与陈明这两只“出头鸟”的迥异结局值得我们深思。公司领导者对待“出头鸟”的态度是矛盾的，一方面，公司期待在某些特殊时刻能有“出头鸟”主动走出来，协助公司解决某些问题；另一方面，领导者又很痛恨在某些问题上，“出头鸟”们的大声喧嚣使得本来平常的问题变得尖锐及激化，甚至动摇“军心”，在这种情况下，公司领导必然会基于杀一儆百、平息舆论的目的，对“出头鸟”痛下“杀手”，可怜“出头鸟”出“头”未成身先死。

要当职场“出头鸟”，需要的不仅仅是勇气，更需要策略、计谋及等待恰当时机的耐心，盲目当“出头鸟”只会令自己败走职场。

职场底线，不能随便跨越

有人的地方就有江湖，有江湖的地方就有恩怨与斗争。一部热播电影《窃听风云》为我们揭开了人性黑暗与罪恶的一面，人性的复杂总是超越规范的约束。电影同时也启示我们：在不应得的巨大利益的诱惑面前，拒绝与坚守原则是如此之宝贵，这不仅向我们展示了道德品质的美好一面，也告诉我们保住自己职场发展的底线。

职场如江湖。职场江湖里，同样有利益的诱惑与面对利益时的内心斗争，同样有人性的复杂与美好，同样有善与恶的纠缠不清。如果把表面波澜不惊实际暗流激涌的职场比喻成刀光剑影的江湖，那么《窃听风云》就恰好生动地上演了一场微型职场攻略剧。窃听精英梁俊义（刘青云饰）、老警员杨真（古天乐饰）、新扎师兄兼网络天才林一祥（吴彦祖饰）三人的悲欢命运，为我们书写了一个个详尽的职场攻略。

职场攻略一：有一些底线，不能随便跨越

剧情回放：为调查金融罪案，窃听精英杨真、林一祥组成窃听小组。他

们行动的目的是要找出非法操控股价、蚕食股民血汗钱的幕后黑手，并将之绳之以法。在窃听过程中，他们偷听到第二天将有一只垃圾股狂涨数倍的消息。他们隐瞒不报，删改窃听记录，并借此大发横财。最终却风云突变，杀身之祸因此而至。

职场启示：不同企业有不同的道德约束规范，虽然大部分企业都鼓励员工各尽其能、放开身心地去工作，企业对员工在工作中的某些错误也是允许且表示宽容的，但即使再倡议文化自由、放任员工自我管理的企业，也有不可触碰的底线。

这些底线可能是商业利益方面的，如不允许员工与竞争企业私下接触；也可能是公司机密方面的，如严禁员工谈论自己的薪酬；还可能是职业道德方面的，如绝不容许员工利用职权谋取任何私利。这些底线不在企业公布的规范之中，但作为职场中人，必须从日常工作、企业文化中感受或观察出哪些是企业不能容忍的底线。这些底线就是职场中的雷区，一旦触碰，后果必然严重，轻则被通报处罚，重则被扫地出门。

职场攻略二：有一些错误，不能轻易宽容

剧情回放：窃听精英杨真、林一祥在偷听到第二天将有一只垃圾股狂涨数倍的消息之后，隐瞒不报，删改窃听记录，并借此大发横财。此举属严重职业违纪，但他们的上司梁俊义顾怜下属，替他们打马虎眼瞒了过去。但事件并没有随着梁俊义的宽容而结束，梁俊义最终发现，他不仅无法保住两位下属的事业乃至性命，连自己都被卷入重重危机之中……

职场启示：从小到大的教育告诉我们宽容是一种美德。但在职场中，有一些宽容却是祸害，它不仅不能让犯错者迷途知返，而且最终也会令宽容的施予者无形中成为犯错者的同谋而受到牵连。

许多上司出于爱护下属的好心，在下属犯错之时不仅不批评纠正，反而大包大揽，自己把责任扛住，以为这就是做上司以德服人的大方与包容。这种带有江湖义气性质的不分青红皂白的宽容是错误的，对于下属的错误应该按照性质来区别对待：员工站在公司角度思考的无心之错可以原谅；但员工若站在为自己牟私利的角度，以损害公司声誉为代价的错误行为，是绝对不能宽容的。

家长的溺爱会使孩子失去对自身行为的正确认识，上司糊涂的宽容则会令下属丧失辨别方向的能力，在错误的道路上越行越远。

职场攻略三：有一些弱点，不能过于执著

剧情回放：其实，迫使剧中三位男主角一步步走上危机绝境的肇因，都来源于他们各自的弱点：警察杨真育有3个子女，家境贫寒不说，小儿子更是身患重病，家庭经济紧张，暴富成为他人生的追求；林一祥工资收入低，在未婚妻显赫家世的对比下，他心理本就不平衡，再加上遇到个爱富嫌贫的岳父，在巨大利益面前无法自持，抱着侥幸心理去冒险一搏；上司梁俊义性格懦弱，犹犹豫豫之间一步步滑向错误的深渊。

职场启示：每一个人都有难以克服的弱点，这些弱点可能是令我们在职场难以获得升迁的绊脚石，但是要完全克服这些弱点绝非易事。从职场成功的角度来看，一个人只有做自己喜欢且擅长的事情时，他才会全身心投入且产生极高效率，如此一来，他成功的几率往往很高。而当他努力去掩饰或克服自己的弱点时，却往往事倍功半——对于自己的某些弱点，我们应该抑制之，使其不恶化，而不应该太过执著地证明自己一定能克服，这不仅会取得反效果，而且会挫伤自己的积极性，因为有一些人性的弱点不是短时间内就能克服得了的。

不固执于克服个性弱点，而努力发挥优势专长，这永远是职场成功不变的黄金法则。

如何与职场“魔头”打交道

导读

每一个成长中的职场新人都应该感谢挑剔自己、给自己压力的人，因为正是他们使自己有了奋发向上、积极求变的动力。

每一个职场新人都要经历凤凰涅槃的过程——从公司实习生或 assistant（助手）等最底层职位做起，希冀能够熬过最初的历练期成为公司正式员工。试用期新人的目的很明确——在学习实践操作的同时，希望能够给公司主管留下良好印象，最终有机会留在公司，成为正式的职员。

对于一些知名公司来说，试用期员工的淘汰率甚至高达 50%——公司会从高校中网罗一大批有潜质的人才，然后如大海捞针般进行筛选。如何在短暂的实习工作中，给公司主管们留下深刻的印象，让其认可自己的技能、工作态度、个人价值，最终令自己实现凤凰涅槃？这正是处于试用期的员工最希望得到解答的问题。2007 年好莱坞推出的职场喜剧——《穿普拉达的女王》，正是试用期员工们最佳的学习剧本。

《穿普拉达的女王》讲述一个刚从学校毕业、想当记者的女孩子安蒂，在寻找工作无果的情况下进了一家顶级时装杂志社给总编当助手的故事。

进入这家杂志社后，安蒂很快就发现这份工作给她带来的是噩梦，因为女总编米兰达对待所有人都是那么的尖酸刻薄，紧张的气氛蔓延在整个杂志社（例如一开场的时候，米兰达在短短数分钟内对第一助手艾米丽列出 N 项工作和私人的安排）。

米兰达这个时尚的“女魔头”，无论公事私事都交给助手打理，把安蒂折腾得苦不堪言。安蒂为了在公司生存下去，不得不绞尽脑汁，不断提升自己的适应能力，一次又一次巧妙地完成了“女魔头”交给自己的苛刻任务，最终使得挑剔的“女魔头”觉得自己完全离不开她这位女助手。

《穿普拉达的女王》可以说是一部诠释公司弱势新人在强势老板专制之下，如何学会调整自己的心态、迅速读懂职场“潜规则”的最佳电影。这部电影给职场新人的启示有以下三方面：

职场真经一：忍人所不忍

安蒂的职业是“女魔头”的第二助理（秘书），负责处理老板各种琐碎的事务，但“女魔头”经常指使她做许多超出职务范围的工作，如将许多琐碎的家庭私事一并让安蒂去处理，安蒂很耐心、很出色地一一为“女魔头”完成。

公司实习生初入职场中工作，公司往往只是分配给他们一些非常简单的、重复性的事务，主要目的是让实习生更多、更全面地了解公司业务及运作方式，对其要求并不高。如果实习生表现较好，老板或主管往往会在潜意识中将其视为公司未来的职员，在这种情况下，老板或主管会把一些在实习生职责范围内，但超出其能力范围的事务交代下来，其中可能包括一些公司业务范围之外的事务，在完成这些任务时，许多实习生都觉得压力不小。

但聪明的实习生知道，这种貌似挑剔的要求或任务，其实正是公司考验自己的命题之一，如果能扛得住压力，好好寻找相应的解决策略，必然会受到主管的刮目相看。

职场真经二：想人所不想

在电影中，“女魔头”考验职场新人的方式很多，例如让她去买还没有出版发行的最新一部《哈利波特》，或者总是把外套和包扔在安蒂的桌子上让她收拾……

许多人觉得“女魔头”对待新人太过挑剔，但是优秀老板的思维总是相似的：他们喜欢以苛刻与挑剔来观察员工的反应与能力，从中决定自己对该员工的重用程度。

在网上疯狂传播的微软公司面试题同样以挑剔与怪异出名，如询问面试者为何下水道的盖子总是圆的。公司实习生必须知道，对于任何一家公司而言，他们要招收的不仅是新人，更是有创造价值的新人，因此，表现出自己的创造价值，正是完成从实习生到正式员工华丽变身的必经之路。

从这个角度看，实习生必须从心态上就认定自己是公司的一员，从为公司利益考虑的角度去思考如何通过自己的工作为公司创造价值，而不仅仅是自己能从公司中学习到什么。

职场真经三：为人所不为

有一个实习生进入一家跨国大公司实习。因为恰逢年终，公司业务繁忙，许多员工都加班到很晚才回家，业务主管负责为这些员工订餐，并且必须等所有人走了，检查公司安全情况后，才能锁门回家，这个苦差事令有家室的业务主管苦不堪言，但公司一时也找不出其他解决办法。

在这种情况下，这名实习生主动请缨，向公司主管表示愿意替代业务主管负责这项工作，使业务主管能够准点下班照顾其家人。公司主管没有想到这项苦差事竟然有人愿意主动接受，于是就欣喜地批准了实习生接手。

每一名成长中的职场新人都应该感谢挑剔自己、给自己压力的人，因为正是他们使自己有了奋发向上、积极求变的动力。

在三个月繁忙的实习中，这位实习生工作非常尽职细心，所有人都对其表现非常满意——在公司十多个实习生中，这个愿意为人所不为的实习生很快就如愿以偿地被内定为未来的新员工。

每一个成长中的职场新人都应该感谢挑剔自己、给自己压力的人，因为正是他们使自己有了奋发向上、积极求变的动力。职场永远充满利益的斗争、欲望的角逐，这是职场永恒不变的旋律，职场新人们要学会的是如何在荆棘遍布的漫漫职场路中寻找适合自己发展的康庄大道，并以坦然、淡定的心态去面对一切严苛及挑剔。

打造职场个人品牌，
展示清晰个人优势

导读

在这个喧嚣和混乱的现代社会中，那些拥有优秀个人品牌的人总是令人印象深刻，他们成功地向世界展示出清晰的个人印记。

张鹏原是一家跨国IT企业的销售员，兢兢业业工作五年后，职业发展却停滞不前。他明白，在人才济济的公司里，如果自己不努力去打造个人品牌，那么很可能一辈子都这样默默无闻。

经过仔细分析，张鹏发现，在公司众多销售员中，虽然他的销售业绩不是最突出的，但他在沟通能力、统筹能力、策划能力方面胜过许多人，只是一直缺乏表现的机会。

在打造个人品牌的想法引导下，他决定重新对自己的职业生涯进行战略定位，利用一切机会，发挥自己的综合才能，而不仅仅只是埋头做销售。

他协助市场部制订出色的策划方案以促进销售、将销售经验总结成册培训新人、利用一切机会在有影响力的营销论坛上发表自己的观点、出版专著等，在接下来的几年时间里，张鹏表现出的综合才能使他迅速成为公司的“明星”。

每逢营销年会或重大的营销事件，公司领导第一个想到的出席代表就是张鹏——在以销售额论英雄的营销部门中，张鹏的异军突起让许多销售业绩远胜于他的同事们非常羡慕。几年后，张鹏顺利升任销售部经理，而且在业界也享有良好的声誉，而这一切正是归功于他成功地塑造了个人品牌。

与企业一样，塑造个人品牌最重要之处就在于个人的战略定位：成为什么样的人，以及如何达成目标。一个人要建立自己的个人品牌，首先必须了解自己最有优势的资源，而这种资源就是成功建立个人品牌的核心和基础。就如张鹏一样，他清楚自己的优势并不在于销售能力，而是统筹、计划、沟通能力，所以他建立个人品牌的基础就是充分发挥这种综合才能。

对于职场新人而言，能够准确定位自我，继而深入了解自己的优势并持续发挥这种优势的人，往往更容易走向成功——一个人只有持续专注于发挥自己的优势资源，最终才能确立鲜明的个人品牌，而个人品牌的建立则代表了一种坚定的承诺与能力的保证，所以成功就会随之而来。

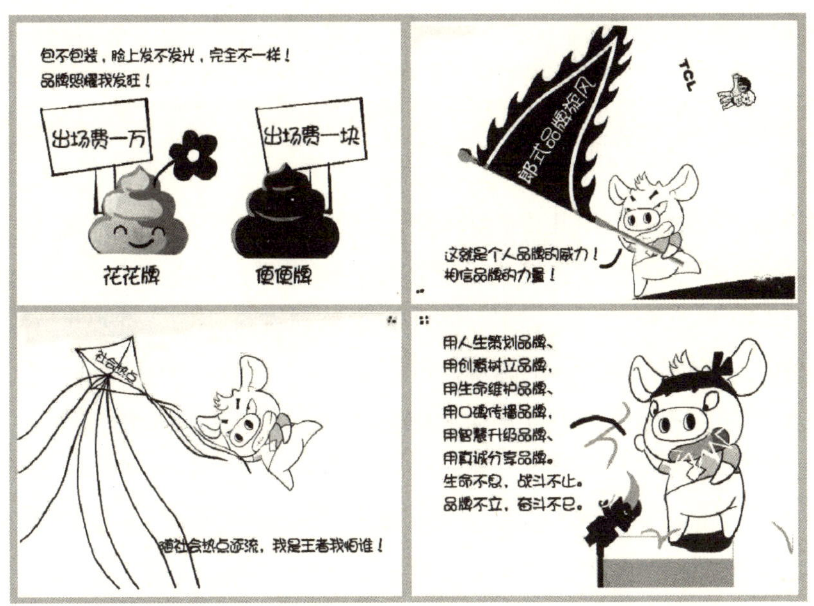

塑造鲜明的个人品牌特性

在充满喧嚣和混乱的现代生活中，那些拥有鲜明而出色的个人品牌的人总是令人印象深刻。他们成功地向世界展示出清晰的个人印记：英国维珍集团的总裁布兰森，人们总是将其与疯狂的冒险、出人意料的创新联系在一起；甲骨文的CEO埃利森让我们联想到桀骜不驯、叛逆、反传统的勇士；微软公司主席比尔·盖茨则与前瞻性、进攻型、天才等关键词紧密相连。

可以说，个人品牌向外界传达的是一种积极的期望，它是对别人的承诺，是个人在社会大众中的第一印象。

个人品牌的效用非常强大，一旦形成，将很难受到挑战和竞争。定位清晰的个人品牌一旦形成，个人将拥有一种无懈可击的力量。

优秀的企业有良好的品牌，好的产品也有一流的品牌，那么，个人职业的发展也需要塑造品牌吗？

答案是肯定的。因为个人品牌是一种与普通个体的差异化，让你可以从芸芸众生中迅速脱颖而出；个人品牌也代表着个人能力、信誉、才干，可以为你带来更多的发展机会。

向郎咸平学习建立个人品牌

数年前，提起郎咸平几乎无人知晓。但是短短几年，郎咸平的名气却如火箭般一飞冲天，在中国财经界无人不晓。这位来自香港中文大学的财务学教授，通过“炮轰”海尔、TCL、格林柯尔而名震全中国，并掀起了一场史无前例的关于国企改革讨论的热潮。

郎咸平在中国公众视线中崛起的速度让人惊叹。在短短时间内，他对中国经济界、企业界及社会普通层面所带来的影响力与震荡波是巨大的，或许大多数人对他的理论与观点所知寥寥，或者持有不同意见，但这并不妨碍郎咸平出色地塑造出鲜明的个人形象：他是一个堂吉诃德式的叛逆者、勇敢的斗士、国有资产的守护者。

在中国，相信有很多在学识上与郎咸平不分上下的学者，但没有一个能够像郎咸平一样，在短短几年时间内，如此成功地让自己的学识成为一个耀眼的品牌。

郎咸平从沃顿商学院毕业后，在香港中文大学默默无闻地做了 7 年财务学教授，尔后忽然间大红大紫，扶摇直上。从普通学者到万众瞩目的学术明星，郎咸平迅速崛起的原因绝不仅仅是他深厚的学术背景，还包括他强烈的个人品牌意识以及塑造个人品牌的能力，正因如此，方才成就了一段传奇般的“郎式”神话。

郎咸平从来不忌言希望炒作自己、塑造个人品牌的目的。他曾对媒体坦言：“我希望自己的言论能产生影响力，所以必须得炒作，不然谁会注意我的声音？而要成为受人瞩目的教授，拥有独特的个人品牌是必不可少的。”

正因如此，郎咸平凭借着出色的个人品牌管理能力，利用自己的专业特长，向中国著名企业“开炮”，业内到处响起“郎来了”的惊呼声——从对社会的影响广度与深度而言，郎咸平已经成功地将财务学者的狭窄个人品牌，转变成一种大众品牌，而这正是他实现个人品牌塑造的关键一步。

据了解，郎咸平已是中国身价最高的学者，目前他在长江商学院兼任教授的年薪达到了 200 万元，加上香港中文大学的 120 万元，单教书的年薪已近 400 万元。此外，郎咸平每次出席国内讲座都要收“出场费”，据说一天达到 4 万元甚至更高，居全国学者之冠。

如果我们细究郎咸平从一个普通财务学教授到学术明星的发展路线，就可以清楚地发现，他之所以能够迅速崛起，原因就在于他出色地将个人学识与中国社会大背景紧密结合起来，抓住热点问题，通过差异化的表现方式，令自己的个人品牌迅速脱颖而出。“郎式”品牌的建立有以下三个步骤：

反社会主流观点，制造个人差异化形象

在德隆如日中天的时候，郎咸平就一语惊人地预言：德隆必倒。而数年后，不知是冥冥中自有天数，还是郎咸平的准确预见，他的预言应验了，资本市场上的“巨无霸”德隆集团果然应声倒下。郎咸平顿时成为全国瞩目的焦点。

而格林柯尔因顾雏军的长袖善舞，接连吞并几家经营不善的企业而受到诸多赞誉之时，郎咸平逆势而上，适时抛出了《格林柯尔：在国退民进的盛宴中狂欢》一文，毫不留情地指责顾雏军鲸吞国有资产，郎咸平与顾雏立刻成为全国媒体关注的焦点。通过这几次事件，郎咸平这个香港中文大学的财务学教授迅速成为媒体与公众眼中的明星人物。

坚持自己的观点与路线，树立鲜明的个人品牌形象

郎咸平抨击格林柯尔之后，顾雏军恼怒之下，将郎咸平告上法庭。郎咸平迅速抓住此次机会，不仅毫不退缩，反而郑重地向社会宣布：以保护国有资产和中小股民利益为本的学术尊严不容企业家以任何方式践踏。他与顾雏军的数次交锋引来大量媒体的宣传报道，而这不仅没有降低郎咸平的威信，反而令他再次成功地为自己塑造出一名国有资产守护者的个人形象。

抓住民众关注焦点，打造个人品牌美誉度

“炮轰德隆、三叩 TCL、四问海尔、七敲格林柯尔”，郎咸平针对的都是社会关注度极高的大企业，而且他所针对的核心问题都只有一个——国有资产是否在流失，而这个问题正是中国企业转型时期，民众与媒体最关注的问题之一。

由于抓住了民众关注的社会热点问题，郎咸平的行为赢得无数人的支持，这也使得他成为许多民众心目中的英雄，个人品牌美誉度得到确认。在新浪网关于《格林柯尔：在国退民进的盛宴中狂欢》一文的评论中，有几十万网民写下了对郎咸平的支持或赞誉之言。

建立个人品牌的战略定位

与企业一样，塑造个人品牌最重要之处就在于个人的战略定位：成为什么样的人，以及如何达成目标。一个人要建立自己的个人品牌，首先必须了解自己最有优势的资源，而这种资源就是成功建立个人品牌的核心基础。

财务学的知识是郎咸平构建个人品牌的核心基础，利用财务学专业特长将自己包装成国有资产守护者的形象，则是郎咸平对自己的战略定位。

选择准确的战略定位绝不是一件容易的事情。郎咸平在进军内地之前，虽然在香港经济学界有一定的声誉，并且在国际一流刊物上发表过论文，但那时的他只能称得上一位专业领域的出色学者，其知名度和影响力也只是局限于狭窄的经济学圈内。极具个人品牌发展意识的郎教授，清楚地知道准确的个人战略定位是让自己迅速成名的最有效途径。他看准了许多内地民众痛恨腐败以及对国有企业转制过程中的资产流失感到不满和无奈的心态，通过向业界某些著名企业猛烈“开炮”的方式，将自己定位为一个英雄式国有资产守护者的形象。

从普通学者到明星学者，郎咸平的成功就是其个人战略定位的成功，而在战略定位成功的背后则是他对自己的核心优势、社会发展趋势和企业关注热点的准确把握。

虽然有不少经济学家、企业家对郎咸平的言论与行为持保留意见，但讨论郎咸平的行为存在多少炒作成分并无太大意义。我们更关注的是，在建立个人品牌过程中，如何将无谓炒作与以实力为基础的成名真正区分开来。个人品牌不仅仅包括个人知名度，还有个人美誉度、影响力等其他方面的因素。如果一味地为追求知名度而哗众取宠，个人品牌肯定难以持久——失去美誉度的支撑，个人品牌只不过是虚浮的镜中之花、水中之月。

成功的战略定位是建立个人品牌的关键所在。在一个组织中，有的人做事耐心细致、有条不紊；有的人则果断大胆、雷厉风行。不同的人有不同的处事风格，但我们最终会发现，那些准确定位自我、深入了解自己的优势并持续发挥这种优势的人，往往更容易走向成功——他们持续专注于发挥自己的优势资源，最终得以确立鲜明的个人品牌，而个人品牌的建立则代表了一种坚定的承诺与能力的保证，成功也就会随之而来。

在个人品牌管理专家戴维·麦克纳利看来，成功的个人品牌有以下三方面的特性：

个人品牌的独特性

个人品牌必须代表某种东西，它们需要与众不同且具有自己的观点。从上面分析的郎咸平案例中，我们可以清晰地看到，个人品牌的建立与企业品牌的建立其实有异曲同工之妙，即独特性成就差异化，而差异化的价值可以让品牌迅速从芸芸众生中脱颖而出。

个人品牌的相关性

个人品牌代表的东西能够与他人认为重要的东西联系起来。郎咸平成功建立个人品牌的突破口就在于他深知中国社会及民众的关注热点何在，然后利用自己的学识去揭露、抨击这种社会热点背后的真相，在媒体舆论的造势下，使自己迅速树立了国有资产守护者的形象。

个人品牌的一致性

个人的行为、处事风格和态度具有持续的一致性。英国维珍集团在社会中的品牌形象是一家生机勃勃的创新型企业，而它的创始人布兰森爵士则通过成功塑造个人品牌去影响企业品牌：他独自驾驶热气球穿越大西洋、在海滩上裸跑、驾驶水陆两用汽车穿越大海、开着坦克车进入美国时代广场——他以这些出人意料的、创新式的行为去阐释自己的个人品牌内涵，丰富企业品牌形象。正是这种长期行为的一致性，使布兰森成为英国民众心目中最具创新精神的商界人士，而他的维珍集团也因此在社会上建立起良好的品牌形象美誉度。

那些准确定位自我、深入了解自己的优势并持续发挥这种优势的人，往往更容易走向成功——他们持续专注于发挥自己的优势资源，最终得以确立自己鲜明的个人品牌，而个人品牌的建立则代表了一种坚定的承诺与能力的保证，成功就会随之而来。

成功的个人品牌代表一种信誉、一种鲜明的个人印记，而在这背后，离不开这三方面特性的相辅相成。所以，要塑造成功的个人品牌，首先必须了解这三方面的特性，然后发挥全力，一步步着手构建。

个人知名度可能是昙花一现，但品牌的影响力却是持久的——社会如大浪淘沙，多少风流人物盛极一时，最终也难免落入被人遗忘的境地。另一方面，也有一些人，他们毕生致力于推动社会进步、为社会谋求福利、为国家创造价值，或许他们没有显赫的地位和惊人的财富，甚至其个人价值在生前未被认可，但这并不妨碍他们在社会发展的长河中树立起鲜明的个人品牌形象。从这个角度来讲，如果成名之后的郎咸平能够真正将自己定位为国有资产的守护者并毕生为之奋斗，利用自己的学识为国家、为社会创造价值，努力保持和提高个人美誉度，那么他的个人品牌形象将是持久不衰的。

从爱迪生、松下幸之助，到韦尔奇、比尔·盖茨，这些成功者的个人影响力已经远远超越他所在的企业、社会、国家甚至时代。不管世界潮流如何变化，他们个人品牌的光芒却永远闪亮如新，而这正是成功者之所以成功的真正原因所在。

向上管理：学会管理你的上司

导读

向上管理不是领导上司，而是通过向上沟通、向上协调，去影响及引导上司，使其看法与自己的看法一致。下属如何处理好与上司的关系、如何有效地“管理”上司，使自己的工作得到认可，这是职场人需要学习的向上管理的智慧。

2006年4月，中国外企圈发生了轰动一时的“最牛女秘书事件”——女秘书以强硬的方式公开顶撞公司总裁。（注：事件见后文链接）美国易安信公司（EMC）大中华区总裁陆纯初肯定没料到，他跟秘书瑞贝卡之间的一次小小冲突，竟然如明星的桃色绯闻一样，不到一周时间传遍了中国。“史上最牛女秘书”事件的黑色幽默，在众多媒体的推波助澜下，获得了极大的关注度，而瑞贝卡也由此“光荣”地获得了“史上最牛女秘书”的称号。

其实在职场中，像瑞贝卡与其上司陆纯初这样的冲突实在再平常不过：上司对下属的无理要求、苛责、批评甚至谩骂，在中国这种权力至上的社会环境下，实在见怪不怪，无论是在外企、国企还是民营企业，这样的场景几乎日日上演。因为在人们的惯性思维中，下属对上司有着服从的天性，但是瑞贝卡却让所有人都见识到一个下属与上司尖锐对立的强硬一面。所以，下属如何处理好与上司的关系、如何有效地“管理”上司，使自己的工作得到认可，这种向上管理的话题也开始受到职场人的关注。

在“史上最牛女秘书”事件中，瑞贝卡最引人注目的做法是用针锋相对的强硬措辞回应上司的批评，同时将上司的批评与自己的反驳之词公开——在她的处事思维中，应该是抱着破釜沉舟的心态，将自己与上司一起摆上公众舆论的决斗台，以弱者以卵击石的悲壮之举博取公众的支持。

从舆论导向上，瑞贝卡赢了，因为网上有超过八成的人支持她；从向上管理策略上，她输了，因为她不仅因此丢掉了工作，而且因违反了外企中的“明规则”与“潜规则”，她在职业生涯中将再也无缘进入外企圈子。

“史上最牛女秘书”事件沸沸扬扬，使“向上管理”的重要性再次受到关注——向上管理不是领导上司，而是通过向上沟通、向上协调，去影响及引导上司，使其看法与自己的看法一致。

向上管理的三大雷区

在一个越来越追求扁平化组织结构，追求平等权利、透明式管理的社会，下属与上司有了更多直接对话的可能性。当下属与上司发生矛盾冲突或意见相左时，强硬对抗或委曲求全都不是最佳的处理方式，因为这样只会导致矛盾激化或者让自己“很受伤”。向上管理的目的就是通过建立有效的沟通渠道，让上司理解自己的立场与想法，也使下属能够接受上司的观点。瑞贝卡之所以被戴上“史上最牛女秘书”称号，原因就在于她踏入了向上管理的三个雷区：

向上管理雷区一：将私下矛盾公开化

当上司与下属之间因工作方式或工作思维发生冲突时，下属最忌将本来属于小范围、小问题的事件公开化，使得事件广受瞩目，这种做法不仅使事件影响扩大，而且可能使上司在公众舆论中备受指责，这必然导致两者之间的关系迅速恶化。前几年创维市场总监陆强华与老板黄宏生之间的冲突闹得沸沸扬扬，两人差点对簿公堂，正是源于陆强华将他与老板之间的恩怨广告天下。

向上管理雷区二：直线思维否定上司

在企业的权力序列中，上司有向下属下达命令或者提出批评的权力。受到上司批评时，无论这种批评是否合理，下属回应的方式最好是迂回婉转的，而不是直接顶撞。因为从上司的立场看，下属直接驳回自己的批评等于否定他的领导权威，不仅使他难以下台，而且必然激起他采取更严厉的措施去压制下属的想法——陆纯初在受到瑞贝卡的强硬反驳之后，毫不犹豫地将她开除。所以，用直线思维对抗上司的做法，很容易终止双方之间的对话，并使得关系恶化。

向上管理雷区三：管理潜规则 VS 男权主义

从一般管理职能角度看，陆纯初之所以会对瑞贝卡的顶撞大动肝火，是因为其作为领导者的权威受到了挑战。但从管理的潜规则来看，瑞贝卡身为一个女性，如此强硬地顶撞其男性上司，在一个以男性管理为主的社会中，必然深深触动陆纯初内心深处的男权主义。因性别因素导致的激烈对抗在中国许多企业中经常发生，但其深层次的原因却往往被忽略——对许多有强烈男权意识的男性领导者来说，他们或许可以默许在某种情况下自己的权威被男性下属挑战，但绝不能容忍被女性下属挑战。

向上管理：将上司的偏差思维拉回正轨

几年前，黄旭从外企市场经理的职位上被一家颇具实力的民营软件公司挖走，成为其广州分公司的总经理。由于看准了市场机会，加上公司技术实力过硬，公司得到了迅速的发展，成立第一年就获得了不俗的业绩，规模也得到迅速扩展。此后几年时间里，公司发展一直稳中求胜，在业界也有了一定的知名度。作为总经理的黄旭对公司的未来充满信心。

由于身处高科技行业，随着行业技术的快速变化、竞争形势的不断严峻，黄旭感觉压力越来越大。在一次大客户招标会上，黄旭原本以为凭着公司的实力肯定能独占鳌头，没想到半路上冒出一个更强劲的竞争对手，将订单横刀夺去，这对黄旭的自信心打击很大。一种强烈的危机感在他心中滋生，一向做事有条不紊、镇定自如的他开始被一种挥之不去的焦躁感所困扰。

在这种焦躁感的逼迫之下，黄旭开始对公司员工施加压力，不断要求他们加班加点，恨不得所有人都只干活而不休息；黄旭无休无止地召开各种会议讨论公司发展机会，不断对公司的策略发展方案进行改动，希望能够看到短期成效；他对所有员工提出更严格甚至是苛刻的要求，不允许任何人犯错——黄旭试图用百分之百的要求打造出百分之百的公司竞争力，让公司在竞争中得胜。

令黄旭不解的是，这一切的努力都没有取得预期的效果。在他接近吹毛求疵的严格要求下，整个公司的创新精神受到重挫，员工们不求有功只求无过。另外，黄旭的焦躁情绪为整个公司蒙上一种人为的紧张氛围：在他面前，员工们如惊弓之鸟，生怕由于一点点失误而受到斥责。在汇报工作时，公司高管尽量选择用浮夸的虚假之词去报告工作，而不直言工作过程中真实存在的缺陷与危机。更糟糕的是，公司几位核心骨干由于受不了黄旭的“高压”

政策而辞职，公司的发展受到了很大影响。

为了挽救公司不断下滑的颓势，黄旭作出了一个大胆的冒险决策——投入300万元收购一家濒临破产的公司，公司高管都知道此举无异于自杀，但在人为制造的紧张的上下级关系作用下，没有谁敢提出意见——市场总监陈乐虽然屡谏受阻，但他实在不忍心看着自己的上司受到焦躁症的困扰而不断作出错误的决策，最后导致整个公司崩溃，于是决定采取向上管理的方式，将上司出现偏差的管理思维拉回正轨。

他知道黄旭虽然是个很自我，但绝非一意孤行之人——黄旭之所以在决策上一错再错，主要是受公司暂时性的业绩不佳所影响，忽略了从更高层面上看待整个市场发展的形势，从而无法理性地制定决策。陈乐向上管理要做的第一步，就是拿出有说服力的数据及理性分析报告让黄旭明白自己的错误。

陈乐没有像以往一样，当着上司黄旭的面力劝他改变自己的看法，而是悄悄地与某权威市场咨询机构合作，就公司及行业的情况作了一份详尽的分析报告。同时，在将此报告呈交黄旭之前，陈乐先与公司几个高层领导进行了仔细的讨论，每个人做好分工准备，决定以分析报告为基础，在高层闭门会议上，各自提出有针对性的建议，而不是像以往一样一味地对总经理黄旭的决策提出反对意见。

一切准备就绪之后，陈乐准备召开一次公司发展研讨会，并决定邀请咨询机构的负责人就分析报告发表讲话，而这一切黄旭都尚不知晓。果然，不出陈乐所料，在会议上，专家权威的观点以及大量的数据分析，使黄旭受到很大的震动，而陈乐准备的关于公司几年来非常详尽的发展情况的对比图，更使黄旭印象深刻——从图表上，所有人都清楚地看出这几年来公司在各个方面都在走下坡路，公司所采取的措施根本没有起到止血的效果。

陈乐的向上管理策略是成功的——在这次会议上，没有一个人对公司的发展提出尖锐的批评意见，但黄旭却从中清楚地看到了自己的一系列错误决策对公司造成的负面影响，而其他高层领导提出的有针对性的建议，更使他意识到公司目前虽然处于低谷，但是仍然存在崛起的机会——如果他不再一意孤行，而能够听从下属的意见，大家一起同心协力的话，公司业绩的复苏并不是难事。

向上管理策略的成功不仅使总经理黄旭幡然醒悟，认识到了自己的失误，也使陈乐的才能得到了所有人，特别是黄旭的认同。一年后，陈乐升任公司的副总经理。

启示：对一个职场人来说，向上管理不仅是一种工作思维，更是一种企业管理策略：企业的运营成功与否，不仅仅在于市场策略，还在于下属与上司之间互相信任及良好沟通的程度——当上司在错误决策的道路上越陷越深时，下属有效的向上管理策略是令上司悬崖勒马、扭转公司发展方向的关键所在。

如何提高自己“向上管理”的智慧指数

向上管理的能力对于每一个职场人都是一种非常有用的智慧，它不仅决定了下属与上司相处的和谐程度以及下属工作开展的顺利程度，某些时候还是决定下属个人职业生涯能否迅速发展的关键因素之一。

向上管理的重点在于与领导的沟通协调，也即下属如何在组织沟通以及个人沟通上取得有效的平衡。下面四道题可以大致测试出你向上管理的智慧指数：

1. 我已经向老板提出建议，但他却没有给我任何的响应，我应该：

A. 问老板：“您是否需要再花一点时间思考？”

B. 问老板：“您是否有什么疑问或建议？”

C. 重复刚刚报告内容的重点。

2. 当老板提出相反的观点时，我应该：

A. 仔细地和老板讨论，化解他的疑虑。

B. 要求老板说明反对的原因。

C. 试图转移老板的注意力，不作任何评论。

3. 我已经完成报告，老板却评价说：“你的报告非常好，不过有些重要的部分没有提到。”这时我应该：

A. 保持沉默，等待老板的指示。

B. 再补充说明其他相关的数据或资料。

C. 问老板：“可否让我知道是哪些内容？”

4. 因为意见相左，老板对我提出了严厉批评，而批评的内容是错误的，我应该：

A. 不出声，用恶毒仇恨的目光盯着上司。

B. 坚持自己的立场，强硬回应。

C. 耐心听完他的批评，然后另找机会与他沟通。

向上管理非常重要的一点就是了解上司真正的想法与立场。所以第一道题的最佳处理方式为B选项——你得先了解老板对你的建议到底有什么样的看法，才能开始进行下一步。

从组织沟通的角度看，当上司的意见与自己相左时，下属要做的最重要的事就是清楚地了解上司的立场，也就是在说服上司之前，必须先清楚他与自己意见相左的关键何在。因此，第二道题的最佳处理方式是B选项——下属必须了解上司因为什么原因反对自己的建议，他是不是有其他的考虑。

下属与上司之间的沟通，虽然很多时候是由上司决定沟通的方式与主题，但下属也可以通过有效的沟通技巧，比如虚心请教以引起上司继续深入话题的积极性。因此，第三道题的最佳处理方式为C选项——下属不要急着对上司的意见提出辩驳，而应询问上司自己到底缺少了哪些重要的内容。

没有人喜欢被批评，但真正使人受伤的往往不是批评行为本身，而是自己对待批评的反应以及由此带来的后果。显而易见，第四道题的最佳处理方式为C选项——无理由地将委屈闷在心里会导致自己的工作情绪受到影响，当场与上司激烈对抗则往往两败俱伤，而委婉迂回地表达自己的意见，选择适当时机说服上司才是向上管理的精髓所在。

向上管理的三大定律

向上管理的素质既是一种沟通能力，更是一种职场生存智慧，没有对职场规则进行深入分析，没有对沟通技巧进行有效把握，是很难具备良好的向上管理能力的。要提升自己向上管理的智慧指数，就必须多分析、多观察、多归纳，将职场生存法则研究得入木三分，同时还必须掌握向上管理的三大定律：

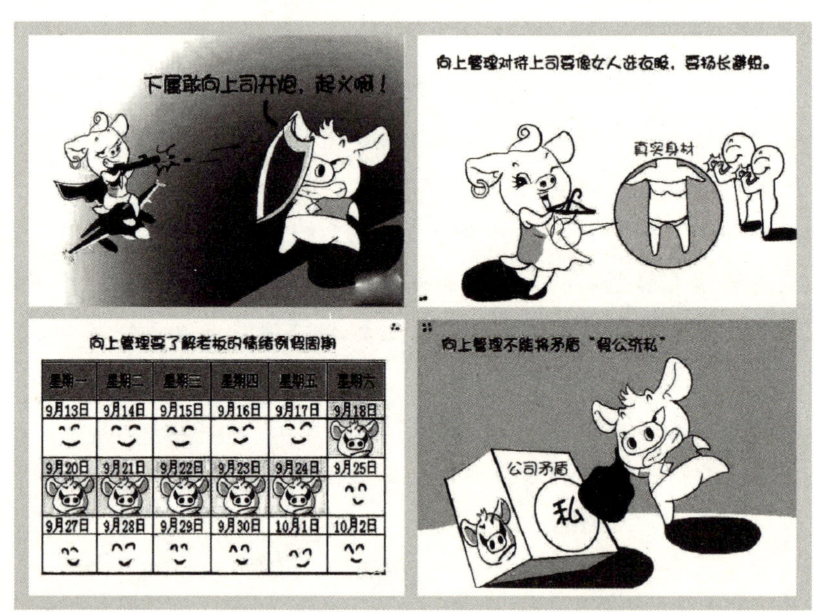

向上管理定律一：了解上司的长处，抑制上司的短处

上司有不同的类型，有的是独断专行型，有的是优柔寡断型，有的是目光长远型，有的则是只顾眼前利益型。对上司长处及短处的有效了解，可以帮助下属有效地迎合上司所长，力避上司所短，使自己的观点或意见与上司的思维更趋向一致，从而更容易被其接受。

向上管理定律二：了解上司的情绪周期

除了极个别素质异常优秀的领导外，大部分领导者都会有周期性的情绪表现——与人的生理周期一样，上司情绪的高低、好坏往往也是有迹可循的，呈现出一种周而复始的波线。下属了解上司这种情绪周期，可以知道在什么时候、什么语境下提出什么意见或交流什么样的问题是最有效的。

向上管理定律三：不要将公司矛盾私人化

仔细观察一下，很多时候下属与上司之间的冲突之所以演变到最后无法收拾的境地，往往都是两者无意之间将公司矛盾私人化的缘故——某些公司发展、业务发展层面的问题本来可以心平气和地共商、解决，由于下属的激烈反应或者扭曲理解，使属于公司的问题演变成上司与下属之间的私人矛盾——陆纯初与瑞贝卡之间的矛盾就是一个典型。这容易使彼此争论的焦点脱离可以理性解决的范畴，而上升到互相赌气、谩骂、侮辱对方的最糟糕的结局。所以，将公司问题与私人矛盾分开，理性地看待自己与上司之间的某些意见冲突，是下属进行向上管理最重要的一步。

链接：史上最牛女秘书事件

2006年4月7日晚，美国易安信公司（EMC）大中华区总裁陆纯初回办公室取东西，到门口才发现自己没带钥匙。此时他的私人秘书瑞贝卡已经下班。陆纯初试图联系后者未果。数小时后，陆纯初还是难抑怒火，于是在凌晨1时13分通过内部电子邮件系统给瑞贝卡发了一封措辞严厉且语气生硬的“谴责信”。

陆纯初在这封用英文写的邮件中说：“我曾告诉过你，想东西、做事情不要想当然！结果今天晚上你就把我锁在门外，我要取的东西都还在办公室里。问题在于你自以为是地认为我随身带了钥匙。从现在起，无论是午餐时段还是晚上下班后，你要等你服务的每一名经理都确认无事后才能离开办公室，明白了吗?”陆纯初在发送这封邮件的时候，同时抄送给了公司几位高管。

面对大中华区总裁的责备，一个小秘书应该怎样应对呢？一位曾在通用电器公司（GE）和甲骨文公司（Oracle）服务多年的资深人士说，正确的做法应该是：同样用英文写一封回信，解释当天的原委并接受总裁的要求，注意语气要委婉有礼。同时给自己的顶头上司和人力资源部的高管另外写信说明，坦承自己的错误并道歉。

但是瑞贝卡的做法却大相径庭，最终为她赢得了网络上“史上最牛女秘书”的称号。

两天后，她在邮件中回复说：“首先，我做这件事是完全正确的，我锁门是从安全角度上考虑的，如果丢了东西，我无法承担这个责任。其次，你有钥匙，你自己忘了带，还要说别人不对。造成这件事的主要原因是你自己，不要把自己的错误转嫁到别人的身上。第三，你无权干涉和控制我的私人时间，我一天就8小时工作时间，请你记住中午和晚上下班的时间都是我的私人时间。第四，从到EMC的第一天至现在为止，我工作尽职尽责，也加过很多次班，我从没有任何怨言，但是如果你们要求我加班是为了工作以外的事情，我无法做到。第五，虽然咱们是上下级的关系，也请你注意一下你说话的语气，这是做人最基本的礼貌问题。第六，我要在这强调一下，我并没有猜想或者假定什么，因为我既没有这个时间也没有这个必要。”

本来，这封咄咄逼人的回信已经够令人吃惊了，但是瑞贝卡选择了更加过火的做法。她回信的对象选择了“EMC（北京）、EMC（成都）、EMC（广州）、EMC（上海）”。这样一来，EMC中国内地所有公司的人都收到了这封邮件。

就在瑞贝卡回邮件后不久，这封“女秘书PK老板”的火爆邮件就被她的同事在全国的外企中广泛转发。

EMC大中华区总裁陆纯初写的“谴责信”（英文版）

From: Loke, Soon Choo
Sent: Saturday, April 08, 2006 1:13 AM
To: Hu, Rui
Cc: Ng, Padel; Ma, Stanley; Zhou, Simon; Lai, Sharon
Subject: Do not assume or take things for granted

Rebecca, I just told you not to assume or take things for granted on Tuesday and you locked me out of my office this evening when all my things are all still in the office because you assume I have my office key on my person.

With immediate effect, you do not leave the office until you have checked with all the managers you support - this is for the lunch hour as well as at end of day, OK?

职场中该不该讲真心话

导读

在生活中，敢于讲真话者，大多会受人尊敬。但在职场中，不分场合讲真话、不分对象讲真话、不分策略讲真话，只会令自己“很受伤”。因为你永远不知道，在利益格局的影响下、在公司政治的变化下，你此时此刻所讲的真话，是否会在未来某一天成为一把倒过来刺向你的利剑。

不分场合、不分对象、不分策略讲真话，会令自己“很受伤”

经常有即将踏入职场的学生很好奇地问笔者：办公室政治是不是很复杂？职场上是不是不能讲真话？

职场是一个江湖，是江湖就有刀光剑影，是江湖就有恩怨纠纷。复杂的人际关系，诡谲的办公室政治，难道逼迫我们每一个人都必须讲假话吗？

答案当然是否定的。

作为一名职场生态观察者，笔者从未见过一个习惯说假话或喜欢说假话的人，能够在职场发展路途中真正取得大的成就。“小胜靠智，大胜靠德”，在职场中，此话可谓至理名言。假话被戳穿的那一刻，名誉扫地的无情足以摧毁一个人辛辛苦苦建立起来的形象之塔。

另一方面，我们也必须认识到，虽然讲假话要受抵制，但不分场合、毫无保留地讲真话却会令讲话者“很受伤”。

小皮与小珠是两个刚毕业的大学生，两人同时被一家国有房地产企业录用。

孟提斯是小皮与小珠的上司，也是公司的市场总监，属于公司的老员工。孟提斯与公司另一部门的总监阿梅一向水火不容，两人都是晋升公司副总经理的热门人选。由于彼此利益相对，在过去数年中，两人一直互相敌视，关系剑拔弩张。

在小皮与小珠入职两周年并被提升为小主管之际，部门为他们两人举行了一个小小的庆祝聚餐会。聚餐会上，大家兴致都很高，喝了很多酒。在酒酣耳热之际，孟提斯借着酒劲，问了他们两人一年来的工作感受，两人都一一回答了。忽然，孟提斯话锋一转，向两人询问了一些关于阿梅的负面问题，那几个问题都很尖刻，带着极强的个人偏向性。

小皮与小珠都知道孟提斯与阿梅是死对头，所以孟提斯问这几个问题，肯定希望听到他们说阿梅的坏话，让他感觉到他的下属是完全站在自己一方的。

在公司里，阿梅为人强势，讲话不留情面，所以的确招惹了不少敌人。但是即便如此，面对着上司有偏见性的尖锐问题是否应该讲真话？

小皮心想，自己是孟提斯一手提拔的，而且以后在公司发展还要多多倚借他的关照，所以上司的敌人也就是自己的敌人。于是他就顺着孟提斯的话畅所欲言，将他所知道的关于阿梅的种种缺点大肆渲染了一番，并提出一些对付阿梅的偏激性做法。

小珠的想法则与小皮完全不同。她认为分分合合是办公室政治的一部分，这完全受利益所左右，谁又知道以后孟提斯与阿梅之间的关系会如何发展变化呢？所以，她故意绕着圈子说话，表面上回答了上司的问题，但其实她并未对此正面发表任何个人评论。

很快半年过去了。集团进行了一次大的人事调整，阿梅被调到了集团另一个分公司担任副总经理，而孟提斯也顺利被提升为所在公司的副总经理。两人水火不相容的利益冲突化解了，并且开始在业务上有些合作关系，所以原本互相看不对眼的两人竟然开始融洽相处，俨然成了朋友。

这时候，回想起半年前那次“真心话大冒险”，小皮才感觉有些后脊发凉。不出所料，在阿梅与孟提斯成为“朋友”之后，孟提斯似乎就有点疏远小皮。后来，在一次偶然中，小皮听到孟提斯这样评价自己：“小皮心眼狭窄，为人尖酸刻薄，不能重用……”

职场上没有永远的敌人，只有永远的利益。这或许就是职场江湖中的一个残酷而真实的写照。

在生活中，敢于讲真话者，大多会受人尊敬。但在职场中，不分场合、不分对象、不分策略地讲真话，只会令自己“很受伤”。因为你永远不知道，在利益格局的影响下、在办公室政治的变化下，你此时此刻所讲的真话，是否会在未来某一天成为一把反过来戳向你的利剑。

讲真话，不容易。生活如此，职场亦如此。

“真心话大冒险”（The Moment of Truth）是美国福克斯电视台一个人气极高的问答游戏。在节目中，主持人会问参赛者一些问题，这些问题是经过仔细调查准备、专门针对每一名访谈者而设置的。每名受访者都必须戴着测谎仪回答这 50 道题。参赛者在节目中的回答如果被测谎仪判定为真话，就可以晋级，最高能获得 50 万美元的奖金；如果被判定为假话，不但要出局，先前得的奖金也没了。

这些问题通常涉及个人隐私，有时甚至尖锐刻薄得近乎残酷。许多人参加完之后，原先的人际关系受到很大的伤害，甚至导致家庭关系崩溃。

香港导演尔冬升执导的情感类文艺片《真心话》同样给我们带来许多启示。

男主角小心是一家报社的记者，他踌躇满志，却逐渐发现社会并不像他想象的那样美好。女主角小真生活在社会底层，是一个面容姣好但自甘堕落的女子，靠谎言维持生计，靠吃迷幻药活在自我虚构的世界中。两人相遇之后，开始了一段爱恨缠绵的故事。在两人的情感纠葛中，两个人都感觉到讲真话其实是一件既需要勇气，更需要策略的事情。

电影最后，小真这样说：“人只有经历了才懂得成长，只有受到挫折才懂得反省。”

职场中什么时候可以讲真话，讲真话会不会成为一次“冒险之举”？《真心话》这部电影就是一部最好的教材。

链接：调查显示八成人承认职场撒谎　仅三成人愿听真话

本报讯　职场中，真诚到底有多重要？职场人是否说过职场谎言？昨日，智联招聘网发布了一项“职场谎言”调查，在接受调查的6 000名职场人中，有八成人表示自己说过职场谎言，四成人承认自己赞成说职场谎言。

仅三成人表示愿听真话

在人们印象中，谈及“谎话”总是不好的，但在此次调查中，有八成人表示自己说过职场谎言。超过五成职场人表示自己并不赞成职场谎言，关键还是在于说话技巧。但是，仍然有44.4%的职场人明确表示自己赞成说职场谎言，并且认为职场中有不得不说的谎言。

在某科技公司工作的小吴告诉记者：“虽然很不想说谎话，但是有时为了避免不必要的尴尬和麻烦，还是要说一些谎话才能使工作顺利进行，比如明明讨厌一个领导，却不得不在他面前或同事面前说他的好话，所以我是赞成在工作上说一些谎话的。”在某外资企业从事高级行政工作的小李告诉记者：“谎话是必要的，比如拍下马屁，赞美下女同事，只要不破坏做人的原则就行。”在采访中，多名职场人表示只要是对自己有利而又不伤害别人利益的谎话都可以说。

那职场中的人爱听谎话吗？调查显示，仅三成职场人明确表示自己在职场中更愿意听真话，而近五成职场人则表示“视情况而定”。“其实大多数人都希望从真话中得到帮助，但是有时说真话需要讲究技巧，要让别人更容易接受，以免造成不必要的尴尬。”智联招聘的相关负责人说。

四成人赞同工作上保持距离

另外，在职场人信任感调查中，近六成职场人对现在的领导和同事的信任感一般；只有16.7%的人表示信任感很强，大多数同事都很可靠；有4.7%的人认为职场上完全没有信任可言。此外，三成人表示职场中有真正的朋友；两成人表示绝对不会有真正的职场朋友；四成人表示，工作场合还是有些距离比较好。

智联招聘的相关负责人认为，良好的同事关系不等于朋友关系，加之职场的利益关系，使很多职场人很难对职场中的真朋友有所期待。另外，很多职场人也认为职场朋友是一把双刃剑，和同事过近的朋友关系容易造成公私不分、部门不分、上下不分、缓急不分，因而更多还是选择保持一定的距离。这位负责人真诚地说：“能够很好地掌控沟通技巧也是职场成熟的一种表现，真诚依然是职场关系的基础，是良好同事关系的重要基石。”

（来源：四川新闻网—成都商报）

像反恐 24 小时一样，进行职场时间管理

导读

职场时间管理的秘诀之一就是要了解自己的专注力时间变化周期，明晰自己在一天的有效工作时间中，哪一个时间段的工作效率最高，哪一个时间段的工作效率明显下降——而接下来要做的，就是根据自己的专注力时间周期去适当安排一天要完成的工作。

职场时间管理的三条法则

同样的学历背景，同样工作于同一家公司，但为何数年之后，有些人能平步青云职位高升，有些人却始终碌碌无为原地踏步？

除却个人的禀赋差异以及机遇不同等因素，有研究表明，最终导致职场人士前途迥异的最大根源在于其对于时间的利用效率——同样每天工作 8 小时，时间利用率极高的人可以处理 10 件事，而时间管理差的人则平均只能处理2～3件事，之间的差距竟然可以高达 3 倍！以相差如此大的工作效率，一年下来，效率高的与效率低的人，其产出结果的差距是极为巨大的，这就是为何在同等条件下，不同人的职场命运会相差如云泥的原因。

所以，如何更好地进行时间管理，在有限的工作时间内创造出更好的业绩，这是每一个职场人士都必须高度重视的事情。

如何在时间高度紧迫的情况之下，尽自己的才智处理最关键的事件？2008 年年底上映的热门美国电影《反恐 24 小时》（电视连续剧《反恐 24 小时》的电影版）在这方面作了最精彩的演绎。

故事开始于某日午夜 12 点，身为美国政府反恐怖组织成员的男主角杰克·鲍尔（Jack Bauer）正与妻子泰瑞·鲍尔（Teri Bauer）在家中准备休息，杰克突然接到组织急召，原来组织收到消息，有一恐怖组织正进行暗杀总统候选人大卫·帕尔默（David Palmer）的行动。反恐组织上下的气氛顿时紧张起来，杰克的上司更叮嘱他要进行秘密调查，不可随便泄露行踪，因为他怀疑组织内部可能暗藏着奸细，而且数目可能不止一个。于是，杰克在 24 小时内展开了一系列的调查与追踪，在有限时间内，完成了一系列惊心动魄的反恐工作。

《反恐 24 小时》情节紧凑，故事非常曲折紧张，令所有观众都怀着极大的期待心理等待着下一个可能出现的惊险情节，并期待着观看杰克如何一一化解各种艰难险阻。抛开反恐情节方面的内容不谈，从时间管理的角度看，这部影片带给我们的启示就是如何在极度有限的时间内、在高压力工作环境下令自己保持冷静，并着手一一处理各种复杂的事情，最终成功完成既定目标。

在职场时间管理上，我们应该掌握如下三条法则：

制订计划，明确方向，找出关键驱动因素

在《反恐 24 小时》里，杰克在午夜 12 点接到反恐命令，他必须在 24 小时之内完成一系列跟踪、调查、侦察任务，才能成功破解恐怖组织的阴谋。可以说，他在有限的时间里所面临的工作量是无比巨大的。在开展如此繁杂的工作之前，杰克所做的第一件事就是理清思路，先从最关键的地方下手——跟踪恐怖组织头目的电话，并以此为突破口，一一理顺所有的事情。

在职场中进行时间管理，我们同样要遵循一样的思路，每一天开始工作时，如果觉得工作事务很多很杂乱，这时我们要做的第一件事就是拿出笔记本，在半个小时内，说服自己心平气和地把当天要完成的事务一一记录下来，并且按照重要及紧急程度排序。排完序之后，再根据工作量的大小，在每一项工作后面写上完成的期限。在梳理这项工作的过程中，我们就会清晰地知道这一天自己的工作重心在哪，并且可以敦促自己在既定的时限之内完成每一项工作。如此坚持下去，将使你的时间利用效率变得越来越高，因为驱使自己提高效率的是自己内心的压力，而不是外界的监督。

不要把额外的“猴子”往自己身上背

在时间管理方面，有一个著名的理论叫“背上的猴子”。这是美国企业管理作家 Johnny Kaufman 在其著作 *Monkey off Your Back* 中提出的。内容大致是说别把大小事都揽在身上，大包大揽就像是背了一只猴子，你又怎能活动自如?

“背上的猴子”理论意在提醒那些职场管理者，应该将时间用在最重要的事务上，而不是帮下属们照顾他们的“猴子”。身为管理者，必须想办法让员工们能够自己照顾自己的“猴子”，让他们真正学会管理自己的工作、解决属于自己职责范围内的问题。这样，管理者才有足够的时间去做规划、协调、创新等重要工作，让整个团队持续、良好地运作。

适用“背上的猴子”理论的不仅仅是公司管理者，对于每一个职场人士来说，此理论同样有深刻的启示意义。在每天的工作时间中，除了固定的本职工作，总是有各种各样的额外事务打断你的正常工作进展，如其他部门的协助请求、公务之外的应酬等。如果从最初开始，你碍于面子，陆续接收下一两只“猴子”，到后来你就会发现越来越多的“猴子”要求你接纳，最终将烦不胜烦，工作效率会直线下降。所以，找适当的理由拒绝，以适合的方式拒绝额外的“猴子”，是提升职场工作效率的重点所在。

把握自己的专注力时间周期

从人的正常生理变化来说，每个人都有一个一天内专注力高低变化曲线，有些人早上专注力最佳，精力最旺盛；有些人的专注力则在黄昏时达到高峰。了解自己的专注力时间变化周期，有助于明确自己在一天有效的工作时间中，哪一个时间段工作效率最好，哪一个时间段工作效率明显下降——而接下来要做的，就是根据自己的专注力时间周期适当安排一天的工作，难度高的、需要高度注意力的事务放在专注力高的时间段，反之则放在专注力低的时间段。这样的时间分配不仅可以使自己在有限的工作时间中产出最高效率，而且也能使你工作时心情更为愉悦。

时间管理的十条黄金定律

黄金定律一：要和你的价值观相吻合

一定要确立个人的价值观，假如价值观不明确，你就很难知道什么对自己最重要，也很难分配好有限的时间。时间管理的重点不在于管理时间，而在于如何分配时间。你永远没有时间顾及每一件事，但你永远有时间做对你来说最重要的事。

黄金定律二：设立明确的目标

成功等于目标，时间管理的目的是在最短的时间内实现更多想要实现的目标。首先，你必须把 4 ~ 10 个今年计划实现的目标写出来，找出一个核心目标并置于第一位，再将剩余几个按重要性依次排列；其次，依照你的目标制订一些详细的计划，接下来你的任务就是执行计划。

黄金定律三：改变你的想法

美国心理学之父威廉·詹姆士对时间行为学的研究发现这样两种对待时间的态度：“这项工作必须完成，但它实在讨厌，所以我能拖便尽量拖”和“这不是项令人愉快的工作，但它必须要完成，所以我得马上动手，好让自己能早些摆脱它”。当你有了动机，迅速踏出第一步是很重要的。不要强迫自己立刻改变整个工作习惯，只需说服自己现在就去做你正在拖延的某件事。然后，从第二天早上开始，每天都从你的 time list 中选出最不想做的事情，并优先完成它。

黄金定律四：遵循 20:80 定律

生活中肯定会有一些突发事件和迫不及待要解决的问题，如果你发现自己天天都在处理这些事情，那表示你的时间管理并不理想。成功者花最多时间在最重要而不是最紧急的事情上，而大多数人都选择做紧急但不重要的事。

黄金定律五：安排“不被干扰”时间

每天至少要有半小时到一小时的“不被干扰”时间。假如你能有一个小时完全不受任何人干扰，把自己关在房间里思考或者工作，这一个小时的工作量可以抵过你一天时间的工作量，甚至有时候比你工作三天的效果还要好。

黄金定律六：严格规定完成期限

巴金森（C. Noarthcote Parkinson）在其所著的《巴金森法则》（*Parkinsons Law*）中写下这段话：“你有多少时间完成工作，工作就会自动变成需要那么多时间。”意思是说，如果你有一整天的时间可以做某项工作，你就会花一天的时间去做它；而如果你只有一小时的时间可以做这项工作，你就会更迅速有效地在一小时内做完它。

黄金定律七：做好时间日志

你花了多少时间在做哪些事情，例如，早上出门前（包括洗漱、换衣、早餐等）花了多少时间，搭车花了多少时间，出去拜访客户花了多少时间……把每天花的时间及做的事情一一记录下来，像记帐一样，这样你会清楚地发现哪些时间被白白学杂费了。只有找到浪费时间的根源，你才有办法去改变它。

黄金定律八：理解时间大于金钱

用你的金钱去换取别人的成功经验，一定要抓住一切机会向顶尖人士学习。仔细选择你接触的对象，因为这会为你节省很多时间。假设与一个成功者在一起，他花了 40 年时间获得成功，你跟 10 个这样的人交往，不就是汲取着浓缩了 400 年的经验吗？

黄金定律九：学会列清单

不要轻信自己可以用脑子记住每件事情，把自己要做的每一件事情都写下来，这样做首先能让你随时明确自己手头上的任务，而且，当你看到自己手中长长的清单时，也会产生紧迫感。

黄金定律十：同一类事情最好一次把它做完

假如你要做纸上作业，那段时间就都做纸上作业；假如你在思考，则用那段时间只作思考；需要打电话的话，最好把电话累积到某一时间一次性打完。当你重复做一件事情时，你会熟能生巧，效率也一定会提高。

链接：关于时间管理

时间管理（Time Management）就是用技巧、技术和工具帮助人们完成工作，实现目标。时间管理并不是要把所有事情都做完，而是更有效地运用时间。除了决定你该做些什么事情之外，时间管理的另一个很重要的目的是决定什么事情不应该做。时间管理不是完全的掌控，而是降低变动性。时间管理最重要的功能是用事先的规划作一种提醒与指引。

下面的问题可以测试出你的时间管理能力。请你根据实际情况，如实地给自己评分。计分方法为：选择“从不”为 0 分，选择“有时”为 1 分，选择“经常”为 2 分，选择“总是”为 3 分。

1. 我在每个工作日之前，都能为计划中的工作做些准备。

2. 凡是可交派下属（别人）去做的，我都交派下去。

3. 我利用工作进度表来书面规定工作任务与目标。

4. 我尽量一次性处理完所有文件。

5. 我每天列出一个应办事项清单，按重要程度来排列，之后依次办理这些事情。

6. 我尽量回避干扰电话、不速之客的来访以及突然的约会。

7. 我试着按照生理节奏变动规律曲线来安排我的工作。

8. 我的日程表留有回旋余地，以便应对突发事件。

9. 当其他人想占用我的时间，而我又必须处理更重要的事情时，我会说“不”。

测试的结论：

0～12 分：你自己没有时间规划，总是让别人牵着鼻子走。

13～17 分：你试图掌控自己的时间，却不能持之以恒。

18～22 分：你的时间管理状况良好。

23～27 分：你是值得学习的时间管理典范。

时间管理的五大步骤

收集

将你能够想到的所有未尽事宜，即 GTD（Getting Things Done，即时间管理）中所谓的 stuff 统统罗列出来，放入收件箱（inbox）中，这个 inbox 既可以是用来放置各种实物的文件夹或者篮子，也可以是用来记录各种事项的纸张或掌上电脑（PDA）。收集的关键在于把一切赶出你的大脑，这刻只是要记录下所有的工作 。

整理

将 stuff 放入 inbox 之后，就需要定期或不定期地进行整理，清空 inbox。

将这些 stuff 按是否可以付诸行动进行区分整理，对于不能付诸行动的内容，可以进一步分为参考资料、日后可能需要处理的资料以及垃圾几类，而对可付诸行动的内容，则再考虑其是否可在短时间内完成，如果可以则立即行动完成它，如果不行则进行下一步行动——组织。

组织

组织是时间管理中最核心的步骤，主要分成对参考资料的组织与对下一步行动的组织。对参考资料的组织主要就是建立一个文档管理系统，而对下一步行动的组织一般可分为下一步行动清单、等待清单和未来/某天清单。

回顾

回顾也是时间管理中的一个重要步骤，一般需要每周进行回顾与检查。通过回顾与检查，对你的所有清单进行整理和更新，在回顾的同时，可能还需要计划未来一周的工作。

执行

现在你可以按照每份清单开始行动了，在具体行动中可能会需要根据所处的环境、时间的多少、精力情况和重要性来选择清单以及清单上的事项来执行。

警惕自己，
不要陷入职场“守寡式职位”

导读

职场里，某些职位就像一个巨大的黑洞，任何一个坐上此职位的人都逃脱不了失败的命运，人们将此种无人可以胜任的职位称为“守寡式职位”。

19世纪末期，世界航海业蓬勃发展起来。有一位叫大卫的西班牙船长，经营着一个巨大的航运集团，控制了西班牙通往世界各国的许多航线。在他的航运集团中，有一艘运量最大的船“莎丽号”，承担着整个集团最重要的航运任务，是整个集团的王牌船舰。

但令大卫苦恼的是，“莎丽号”一直找不到一位合适的船长来领导。大卫曾出重金从航运界挖了几位经验丰富、有口皆碑的船长过来主持“莎丽号”，但奇怪的是，每一位船长在上任“莎丽号”最高执行官一职后都失败了，他们以前在其他船队中骄人的成绩在这里遭到了严酷的挑战——虽然船长们使尽浑身解数，但是“莎丽号”的经营业绩仍直线下降。

大卫苦苦思索了许久，终于想通了一个事实：不是船长们的能力不行，而是职位设计本身存在缺陷。这个职位就像一个巨大的黑洞，任何一个坐上此职位的人都逃脱不了失败的命运，人们将这种无人可以胜任的职位称为“守寡式职位”。

守寡式职位并非只是19世纪才存在，环视当今许多公司，包括业界一些著名的大公司，仍然存在着这种令人困惑的守寡式职位。

吞噬人才的守寡式职位

某大型房地产发展商在一繁华路段兴建了一幢高层商用楼，该路段毗邻多条著名商业街，交通四通八达。周围的楼价高涨，获利前景良好。发展商信心十足，相信此商用楼一定能吸引大批公司入驻。公司成立了新的营销部门，并将商用楼的租售重任分派给刚刚加入公司的营销总监马先生。

马先生雄心勃勃，召集一批手下，经过几个通宵的头脑风暴，拿出了一份充满激情的详细市场方案，董事会对马先生办事的高效率极为赞赏。

出人意料的是，这份从字面上来看无懈可击的市场方案却没有带来预期的销售业绩，该商用楼正式推出市场已有好几个月，前来了解情况的人也络绎不绝，但最后签订入驻的公司却寥寥无几。

一转眼半年过去了，尽管马先生与其手下一再修正市场方案——从广告制作到市场推广等各方面可能想到的关系环节都一一进行了优化，却还是于事无补。董事会终于失去耐心，认为马先生未能迅速适应新公司的项目，无法体现其能力，于是一纸解聘书终止了马先生的职业生涯。

公司经过讨论之后，决定从子公司提升一名营销副总监来填补营销总监一职。该营销副总监在原公司多次创造了辉煌的业绩，董事会一致相信他能力挽狂澜，弥补马先生留下的空缺。

董事会又一次失望了。尽管新的营销总监使尽浑身解数，该商用楼却始终无法获得市场的青睐。新营销总监的辉煌业绩历史自此画上休止符。

守寡式职位又一次吞噬掉一位优秀的员工。

痛定思痛的公司高层开始反思项目的可行性及失败的原因，他们将此项目委托给一家专业的市场咨询与营销公司。经过一番详细的市场调查与分析，咨询公司提交了一份分析报告，其中详尽地列明了该项目存在的缺陷：

其一，商用楼所在区域属于商业街，市政府已计划将其划为步行街，禁止任何车辆通行。这意味着租用此商用楼的公司员工必须从公交车站步行到公司，而最近的公交车站到此商业楼至少需要 15 分钟脚程，出外同样如此。这对惜时如金的现代企业来说，是难以接受的。

其二，该地段房价昂贵，这迫使该商用楼的租售价格同样水涨船高，能入驻这样高级的商用楼的一般都是实力雄厚的大公司，可是该商用楼的办公室面积却普遍不大，只适合中小型公司使用。诸如此类的先天缺陷不少，使得该商用楼在未推出市场之前就已蕴涵了很高的失败风险，这些都是前期市场分析错误与定位不准的结果。在这些先天缺陷的囿制之下，负责该商用楼的营销工作几乎成了“不可能完成的任务”，营销总监自然成了项目失败的替罪羊。

守寡式职位的形成

在管理学大师杜拉克看来，企业之所以会形成守寡式职位，肇因在于职位的设计上常犯以下四种常见的错误：

职位设计内涵太小，使优秀人才无成长和发展空间

一个管理职位可能是一个所谓的“终点职位”——在职人员可以在此职位上经营一辈子。但如果管理职位内涵空间设计太小，当事人只需若干年就能学会一切，不费力地完成职位的目标，他们不免感到怠倦，继而失望。庸人会继续留在职位上逍遥过日子，而优秀人才大多会选择离开，到某个更能体现其价值的地方去。

职位无实际权力，而只是一个“副手”的职位

职位必须有其特定的目标和特定的职能，职位的领导者必须拥有充分的实权，可以在职能范围内决定一切，以达到目的。然而副手往往是上级命令的执行者，其本身职能何在、目的何在，通常很难界定。他仅仅是一位助手，主管要他做什么，他才能做什么。

管理人在位却无专业之事可做

我们经常听到对管理人的责难，说其未能全面地向员工授权，通常是因为管理人本身的工作太少，所以才做了许多本该由下属做的工作。一个职位的设计如果令在职者无实际专业工作可做，是一件极为危险的事情。这不仅会毁掉此职位上执行者的工作积极性，更严重的是会影响到与此职位相关的其他人的工作。

用职衔作为奖励

某些小公司不足百人，但“总监”、“经理”、“总裁”等有大职衔的人却数不胜数，“官”比“兵”的人数多几倍。许多有着大职衔的人，其工作的实质其实未变，公司却以此作为对员工的一种奖赏——奖他们一顶高帽子。一些二十出头的年轻人，在公司不到两年，就纷纷被挂上听起来吓死人的大职衔。其实这样做的结果类似于涸泽而渔——职衔与薪酬一样，是激励员工上进的一种非常有效的手段。然而，员工太轻易就得到此等职衔的奖励，一旦薪酬产生边际效益递减的效应，他们会觉得公司已经失去吸引力，因为他们在此已无追求的目标。

一个公司出现守寡式职位，既有主观原因，也有客观原因。主观原因便如上述案例——某些职位职与权不清，上级领导既授命又不完全放权，致使职位就任者时时有掣肘之感。客观原因有以下三种：

一是职位的设计与市场的发展存在太大差距。比如前面提到的营销总监，要让他把天生就有缺陷的产品在短期内打响市场，其难度之大可想而知。

二是公司内部变革慢于外部，职位的结构及职能设计明显不能应付市场未来发展的需要，这种情况多发生在技术主导型的企业。

三是职位的发展目标与企业的远景目标存在分歧。从事某些职业的职场人被要求在其职位上实现利润最大化，而企业的远景目标却是要达到企业价值最大化。为了达成职位目标，职场人就必须采取某些短期行为，如减少有盈利前景但必须消耗大量现金的投资，转而去追求一些短期创利项目以求得漂亮的利润报表；而企业的远景目标却要求他要为企业的未来考虑，放弃短视行为。职场人夹在两者中间，往往会无所适从。

在许多企业的习惯性观念中，职位是固定不变的，只有人迁就某个职位，而不可能让职位来迁就人，其实这是错误的。一个设计合理的职位应既有明确的责任目标，又有一些灵活变动的指标来适应每一个履任的人，使其能最大限度地发挥自己的才能。职位设计人性化正成为一些著名企业的追求。

一个好的管理职位，应以任务为基础，管理人应力求完成任务，以达成公司为其设定的目标。管理人的职位必须是一个“真实可见的”的职位——人人可以由此职位看出其重要性，看出其对公司的贡献。管理人的职位和工作内容应尽量宽泛，范围不宜狭窄，履行者的职权更不应薄弱。

如何堵住职位管理黑洞

产生守寡式职位的原因是多种多样的，那么，如何去堵住职位管理黑洞，减小守寡式职位对企业的侵害呢?

不断了解市场的发展变化及新技术给职位设计带来的变革

职位的设计与人才市场的变化一直以来紧密相关。同样是销售总监一职，在卖方市场的情况下，销售总监的作用与职责是控制好“卖”商品的整个流程；而处在现在这种供过于求的买方市场的情况下，销售总监一职的要求肯定不可能只是承担“卖”的职责，同时必须了解商品要卖给谁、通过什么渠道卖、以什么方式卖、目标客户群在哪里等更复杂的市场资讯。销售总监职责的变化首先必须在职位设计上予以设定。

同样，新技术对职位的设计也有很大的影响。几年前的秘书一职，其要求可能只需懂得基本的文字处理与日常事务的安排便可，而现在，懂得操作电脑甚至掌握某些应用软件的使用已是衡量一个秘书是否合格的最基本要求——信息技术的发展直接推动了工作方式的变化，而工作方式的变化必然要求职位设计随之改变。所以，作为企业的人力资源管理部门，一定要不断了解市场的变化以及新技术给公司内部职位设计带来的变化，与时俱进，针对职位设计进行变化。

检查职位发展目标与企业的最高战略目标是否一致，使职位执行者不至于无所适从

职位设计必须充分考虑到职位发展目标是否与企业的最高战略目标相一致，当两者出现冲突时，应当以企业的最高战略目标为应遵循的处事准则，一切从大局出发，不能采取短视行为——这些要求可以在职位设计时的职责与要求上一一述明，让职位执行者清清楚楚地明白其权利与责任的界限何在。

革除矩阵式管理体制的真空地带

企业为解决某些较为复杂的生产或运作问题，往往采用组成跨职能、跨部门的项目小组的方式来处理问题，对于这些项目小组成员的管理，则常实行矩阵式管理体制，项目小组成员受制于不同的上级。在项目开始时，项目小组被赋予很大的自主权，可是随着项目不断进展、涉及的部门越来越多时，项目小组的权力逐渐被削弱——来自不同部门的管理上级直接或间接地影响着项目的进程，所谓的项目小组只不过是权力交叉网中的连接支点：他们被授予特别的任务，而并没有被授予特别的权力。正因为矩阵式管理体制存在着某些权力的真空点，所以处于此职位上的员工容易感到不满与无助。前微软中国区总裁高群耀的离职就是这种权力真空地带造成的一个悲剧。

要消除这种职位管理上的真空地带，领导人就必须真正做到放权。“尊重、信任、授权”这三点原则是矩阵式管理体制能够真正发挥作用的基点所在。

多方沟通，因时顺势地调整职位的设计

企业中的许多职位不是先天生成的，而是随着企业发展和需要相应产生的。从某一方面来讲，职位的出现是为了更好地帮助员工一起实现企业目标。职位权力与职责实施的最终执行者是员工而非企业，所以职位设计是否合理，权力过大还是过小，工作范围是否合适，这些评定都必须由职位执行人及与此职位相关的部门或个人来评议制定。企业进行多方沟通的目的就在于评估某些职位设计的合理性，并及时调整职位上某些不切实际或不合理的因素，使其更好地帮助职位执行者实施其职责。

职位设计不能单纯作横向比较，而更要侧重于与企业内部资源的联系

很多企业喜欢把公司内部的职位设计与同行企业或更大的公司进行比较，而后模仿这些公司进行职位设计，最终由于“国情”不一样，导致守寡式职位的产生。

有一家生产 VCD 光盘的私营企业 S 公司，随着其生产规模的迅速扩大，公司也获得了长足的发展。管理层重金向社会公开招聘一名营销总监，要求候选人持有国外著名大学的学位、有过国际性公司相关职位的任职经验——目前，S 公司生产的产品全部在国内销售，而且短期内也无计划出口产品，但是为什么所招的营销总监却要求有国际化的经验呢？原因很简单，与 S 公司竞争最激烈的另一家生产 VCD 的公司，其营销总监是一个有跨国公司从业经验的专才，S 公司的管理层认为对方有什么样的人才，自己也应该有——是否真正需要这样的人才不重要，重要的是在气势上不能输给对方。

基于这种观念，S 公司的招聘工作困难重重：虽然有不少经验丰富的本土专业人才前来应聘，但是国际化教育与从业背景这条死标准使 S 公司的管理者不得不将这批良将贤才拒之门外。只有一名真正符合条件的候选人，但其觉得 S 公司名气不够，而且企业品牌度不够高，一直不愿意就职。

在 S 公司许诺了种种优厚条件之后，这位人才终于来了，可是半年后却又挂冠而去——他试图将国际化大企业的操作理念运用到 S 公司中，可是在 S 公司固化了的操作方式与企业文化面前，他这套理念根本不会被接受，最后只能怅然而去。S 公司营销总监一职的设计明显脱离了企业的实际，只注重横向比较，缺乏与企业内部资源的有机联系，最终导致无人胜任。所以，职位设计要侧重于与企业内部资源的联系，对整个资源进行整合，令其产生“协同效应”。

如何应对职场中的“不可能目标”

导读

“不可能目标”在很多企业都普遍存在，这并不是说职场人自己喜欢揽下一些不可能的目标，而是他们“被逼”着去实现这些目标。这几年来，从北大方正、科龙、乐百氏、长虹等著名的企业营销经理、营销总监轮番下马的职位变动中，我们可以看出“不可能目标”对职场经理人发展的肃杀效应。

随着竞争的加剧以及对利润的追逐，企业对职业经理提出了越来越高的要求。而企业的要求与市场发展趋势之间往往存在着一定的落差，如企业可能会要求短时间内见效应，而市场发展的规律则往往是必须先打响企业知名度与品牌影响力，销量才能相应提高，这在某种程度上会造成营销经理面临短期利益与长远发展的矛盾，如果目标的制定圈定了营销经理要有产品销量大幅度提高的责任，而没有赋予他为达此目标可以调动公司相应资源的权力，这种目标无疑就是一个“不可能目标”——由于受到许多潜在力量的限制，目标执行者根本无法完成制定者给予的“光荣使命”。正因如此，“不可能目标”吞噬了一个又一个人才。

“不可能目标”如何产生

企业之所以会制定出“不可能目标”，原因在于制定目标时存在以下五种常见的错误：

目标设计错误一：只给目标，不给资源

企业的决策者给营销经理定的销量目标总是很明确的，对于资源供给却要么含糊其辞，要么干脆不提，弱化了目标的实现要依靠相应的资源这个前提。换句话说，决策者相信职场人可以凭借个人力量去完成组织上托付的“任务”。此时，营销经理扮演的角色就只是上级命令的执行者，并且是非常“弱势”的执行者。这好比皇帝派一个大臣去地方办一项差事，可没有给他“尚方宝剑”，这位大臣怕是很难完成任务的，因为他调动不起所需要的人力、物力、财力。这种无资源支撑的目标，使得许多优秀的职场人最终不得不黯然离去。所以，职场人在接受某个目标时，必须清楚地了解达成该目标所应有的相应资源。

目标设计错误二：定位不准，目标过高

中国企业普遍存在做事浮躁的现象，企业主们恨不得一夜之间把自己的企业做成国际巨头，而如此急功近利注定是要失败的。联想集团做事的原则就大不一样，他们有一条行事原则：“撒上一层土，夯实了，再撒上一层土，再夯实了。”这其中蕴涵着一个道理：要根据自身实际，一步一个脚印，不能好高骛远。

目标设计错误三：瞄着月亮打飞机

一家企业每年的销售增长率都超过了50%，这已经是非常好的业绩。但是，公司每年制定的目标都是超过100%的增长率。在10年的发展历史中，公司没有一年完成任务。但是，公司也没有任何人因为没完成任务而受到处罚，因为老板的心态是“瞄着月亮打飞机”，打不下月亮，打下飞机也心满意足了。老板同时还相信“压力出业绩”，认为只要给足目标，下属自己会想出超常办法，发挥超常的力量。

目标设计错误四：把最优秀员工的杰出业绩当做其他人的目标

企业在给职业经理人设定目标时，常常会犯这样一个错误，即找最优秀员工的影子，这在营销界被称为“找影子”现象。就是说，企业高层曾经把这么一个员工的形象封存在大脑里面：他有多方面的知识，具备多方面的技能，还有作为最优秀员工的气质。于是，在给以后在位的经理人制定目标时，这个最优秀员工的杰出业绩就成了参照物。但是，我们不能忽视一点：最优秀员工的杰出业绩是与最优秀的资源投入配置分不开的，也就是说，销量最大，人、财、物投入也不会太小。

目标设计错误五：职场人过于自信

有些职场人坚信天下没有不可能的事情，只要通过自己的努力就一定可以完成。可是，他如此坚定的“信仰”真的对吗？答案是否定的。一个业务员使尽浑身解数，使得当年的销售额达到50万。那么，我们给他设定明年销售额要达到1 000万，这现实吗？当然不。这里面其实存在一种标杆效应，就是先前出现过非常之人完成或接近过此目标，从而很多人心中便树立了这个标杆，认为自己达到这个目标才算真正成功。于是，职场人开始大胆地接受非常任务。而这种非常之人的非常之举是不能为常人所模仿的。所以，职场人在接受任务时，一定要结合自己的实际情况，量力而行。

如何应对"不可能目标"

产生"不可能目标"的原因是多种多样的，那么职场人要如何去应对"不可能目标"对自己职业发展的影响呢？不妨从以下四个方面入手：

综合考量目标

很多时候，一些职场人，特别是新升职的经理，为了博取上司的好感或者给自己挣面子，对于公司下达的高目标往往不假思索地一口答应下来，完全没有考虑到达到此目标的难度如何、目标的设定是否合理等。而等到公司正式下达了完成目标的时限，经理人仔细衡量后才发现这几乎是一个不可能完成的目标，此时想反悔已经太晚。

所以，在公司或领导下达目标之后，应结合自己的实际情况，对此目标进行综合考量，判断自己完成此目标的可能性。职场人可以通过以下四种方式对目标进行考量：

（1）将目标与公司历史同期的目标相比较。

（2）将目标与行业同级别的公司的目标进行比较。

（3）根据自己的经验以及市场发展趋势进行判断。

（4）综合公司总体资源与实力进行考量。

通过这四个方面的综合加权考量，职场人大概可以判断出自己所要完成的目标是可达成的还是一个不可能目标。如果发现上司布置的目标是令人“高山仰止”的，职场人必须在第一时间将自己详细的分析和对目标的理解与上司进行沟通，争取得到他的理解，及时调整设定的目标。

将不可能目标分解成“可能”＋“不可能”

在某些金字塔式管理的公司中，职场人需要完成的任务往往由上司主观设定。等到职场人拿到目标的完成责任书时，公司的一切规划已经定型，纵使职场人发现该目标存在诸多不合理的地方，要再一级一级地进行汇报以得到重新调整几乎是不可能的事情。

在这种情况下，职场人唯一能做的就是采取一种“怀柔政策”——将上级所设定的不可能目标分成不同境况下的目标完成度。比如在深入研究之后，可以列明在何种资源配置和市场状况下，目标是可以达到的；而在什么样的情况下，目标的达成是一件绝无可能的事情。

对不可能目标进行分解的好处在于，可以让上级明白你对既定目标的充分认识以及深入考虑，同时你也已经为达到目标做了最充足的准备——纵使最后实在无法完成，你前期的充分考虑必然令上司难以找到责难的借口。

让上司对目标的设定有更深入的认识，将不可能目标变成合理的目标

很多情况下，上司是在缺乏一线市场详细真实数据的情况下制定出目标销量的，而且目标只高不低。解决这个问题最好的办法是告诉上司一个真实

的市场情况——比如邀请上司视察市场，让上司理解“增量空间”在何处以及有多大。一旦上司和市场“沟通”顺畅，就会明白自己原先设定的目标是一个不可能目标，这样他必然会考虑到实际情况，从而对原定的目标进行调整，使其变成合理的目标。

为不可能目标争取最大可能的资源配置

最后，职场人要成功应对不可能目标，就必须坚持一条原则：给定目标的同时，保证资源配置的最大优化。

比如，你的团队现在有7个人，所分市场覆盖3个省，年促销费用40万，今年销售额600万，而明年的目标要达到2 000万。然而，你的团队人数、促销费用、市场划分范围都维持不变的话，职场人是无论如何也实现不了这个“不可能目标”的。因此，职场人在接受目标的同时，要努力获得公司在资源方面最大可能的支持与配合。

跳不跳槽？
先问自己三个问题

导读

选择跳槽无非是为自己选择一个更大的发展空间。所以选择跳槽时，必须考虑这份新的工作是否具有职业可持续发展性，即是否可以不断提升自己的技能、是否可以延续自己的专业能力、行业发展空间是否巨大。

电影《成功的秘密》(*The Secret of My Success*)中，美国青年布雷特从堪萨斯州到纽约谋职，希望能进入一家国际贸易集团当送信员。作为一个新人，布雷特在进入一个全新的环境时，在各种挑战与障碍面前，总是能够凭着自己的聪明才智将矛盾一一化解。

刚到公司时，他向秘书说要求见人力资源部的主管，但秘书问他有没有名片，没有就不通报。他灵机一动，干脆伏在复印机上，印出自己的脸，再写上姓名。这个急中生智的土法子竟然成为一张极具个人风格的名片。

热门影院 HBO
THE SECRET OF MY SUCCESS
成功的秘密

见到主管之后，布雷特开门见山，提出希望能得到一份工作的要求。面对老板对他毫无经验的质疑，他以诉诸同理心的热情说服了老板，他说："过去您二十几岁的时候，您难道不也最痛恨别人问'你能做什么'吗？我什么都能做，只要有一份工作！"

在进入纽约这家贸易集团之前，布雷特换过无数工作，可谓屡战屡败，在几乎失去信心之时，他终于谋到了一份能够激发其兴趣和潜力的工作，并在工作中一步步走向成功。

尽管没有大制作、大场面，但是轻喜剧电影《成功的秘密》仍然深受许多年轻人的喜爱。

跳槽前，先问自己三个问题

布雷特的经历与世界上最伟大的推销员乔·吉拉德极为相似——乔·吉拉德曾经是一个 35 岁之前换过 40 份工作，却仍然一事无成的失败者，但是他在最后一次跳槽进入汽车销售行业之前，问了自己三个问题。这三个问题其实也是所有职场人士跳槽时必须思考的重要问题。

这份工作的发展目标是否契合自己的性格、特长与兴趣

职业生涯能够顺利发展的核心，就在于所从事的工作是自己擅长并喜欢的。从事一项自己擅长的工作，我们会工作得游刃有余；从事一项自己喜欢的工作，我们会工作得很愉快。如果所从事的工作，既是自己擅长的又是自己喜欢的，我们就更有可能快速从中脱颖而出，这正是职场成功的关键所在。

这份工作是否具有可持续发展空间

选择跳槽无非是为自己选择一个更大的发展空间。所以选择跳槽时，必须考虑这份新的工作是否具有职业可持续发展性，即是否可以不断提升自己的技能、是否可以延续自己的专业能力、行业发展空间是否巨大。

选择跳槽时，必须有一定的职业发展规划意识。职业发展规划不是一个阶段性的目标，而是一种可以贯穿自己整个职业生涯的远景展望，所以职业发展规划必须具有可持续发展性。如果职业发展目标太过短浅，不仅会囿制个人奋斗的热情，而且不利于个人的长远发展。

这份工作是否有助于自己扩展人脉资源或开阔视野

现代的职场晋升跟以往已经大大不同了。人脉关系在个人成功过程中扮演着极其重要的角色，优秀的职业平台应该是一个既可以发挥个人的技能优势，又能协助个人不断扩展有益人际关系的开放式平台。它要能够帮助职场人在工作中不断积累人脉资源，扩展视野，获得更多的经验与指导。封闭式的职位只能使人固步自封，甚至不断退步。

警惕自己，别成职场“跳蚤”

不少年轻人频繁地换工作，甚至一年内换了四五份工作，始终“保持”着新人的身份。大部分用人单位虽然喜欢有工作经验的人、不反对跳槽，但对频繁跳槽者却会产生一种潜在的排斥心理。某公司 HR 认为，频繁换工作，经历确实很丰富，但会让人觉得这个人不踏实、不可靠。“每个人进入一个领域工作，从空白到完全掌握，甚至到游刃有余，最少需要 2 ~3 年的时间。如果求职者每次的工作经历都只有一年左右，那他的个人能力就很值得怀疑，我们或许还会对此人的品德有看法。”

跳槽还受到行业的影响，比如销售，它本身就是一个流动性很强的行业。因此，在招聘这类人员时看中的是其业绩；如果招内部管理人员，因为涉及企业运作的稳定性，则相对较注重他的个人经历。可见，频繁跳槽并不能为个人身价增加砝码，反而会成为求职途中的一块绊脚石。

对有 3 ~5 年工作经验的求职者来说，一般跳槽不超过三次，用人单位较容易接受，平均在每个单位就职两年，是一个在接受范围内的频率。

有调查显示，计算机及相关专业人才的流动性相对较大，而财会金融类人才流动性相对较小。相比较而言，IT 软件开发人员平均转换工作的周期最短，这与 IT 业员工工作时间较长、工作压力较大、加班频繁不无关系。一般来说，发展较快的、压力较大的行业（领域或企业），员工跳槽频率相对较大；反之则较小。另外，行业（或企业）的运作越不规范，从业人员跳槽的频率就越大。

就大学毕业生而言，最初工作的 3 ~5 年应避免盲目跳槽，因为这是一个历练基本功的时期，就像小学 1 ~5 年级是学习语言、计算与写字等基础知识与技能的时期。

跳槽不是目的

“前程无忧”网上的一项调查发现，大多数人希望通过跳槽获得职业上的进一步发展，当然也包括薪酬福利的提高等。究其根本，跳槽不是目的，发展才是目标，所以跳槽前对自己的职业发展目标进行整理和重新设定才是重中之重。在跳槽之前最好先问一问自己：自己的最终职业目标是什么？这一目标需要分几步才能完成？自己目前处于这一过程中的哪个位置？这一次跳槽对达到目标能起多大的作用？经过这样的思考，对跳槽就能做到心中有数、行动有序，从而跳得更加从容、自信，“跳”有所值。

即使去意已定，也要做好充分准备，三思而行。首先要了解自己的真正需求，好好研究一下你要面对的工作是否对你的发展有利。从一个行业换到另一个行业，妄图天生具有新行业所需的知识、技术和经验是不可能的，这就需要你再充电、多学习。找份理想的好工作不容易，要转行不妨先在自己所在的工作单位内部寻找可能性，这样既不会与原来的工作完全脱节，又能激发工作热情，相对来说稳妥一些。如果这样还不行，那就胆子再大一点，步子再快一点，彻底大跳槽吧！

新人如何识别企业“潜规则”

导读

一个企业就如一个瓷器店一样，要让所有的货品排列整齐、店面运转良好，既得靠许多明文规定的规章制度去让员工遵守，同时也有许多没有诉诸文字的、无形的、依靠彼此心领神会的准则去约束所有人的行为，这是一条只可意会，不可言传的游戏规则，即“潜规则”。正是依靠显规则及“潜规则”这两种规则的交叉作用，一个企业才能真正运转好。

黄亚旭大学本科毕业后，回到家乡广东省普宁市，成为当地著名的西社医院的一名见习医生。由于他工作积极、表现优秀，很受院长重视，职位不断得到擢升。同时，医院委派黄亚旭到广州一所大学的医学院进行为期一年的专业进修。

在进修期间，黄亚旭除了学习专业进修课程之外，还对工商管理产生了浓郁的兴趣，于是，他每天花更多的时间学习营销管理方面的知识。在这一年的学习中，黄亚旭越来越觉得自己未来的发展不应该在医学领域，而可以在营销管理领域得到更大的空间，他对自己的未来有了新的设想。为了实现自己的梦想，他决定大胆跳行，在一个全新的领域开拓自己的人生。

一年进修期结束后，黄亚旭放弃了升职的机会，出人意料地向院长递交了辞职书。经过层层面试之后，他顺利加入莱伊纳斯国际贸易集团，成为该集团广州分公司的一名销售经理。

企业新人：一头大象闯进了瓷器店

作为一名新人，黄亚旭加入莱伊纳斯集团之后，满怀信心和热情地投入了工作。虽然刚刚进入一个全新的行业，但黄亚旭在此之前已经阅读了大量关于国际贸易的书籍，也对新公司的工作程序进行了全面的了解。在黄亚旭看来，人定胜天，决定工作成败的不在于熟不熟悉行情，而在于自己对工作投入的多少。

虽然有朋友提醒他，跳行之后，在一个新企业中有许多必须要注意的东西，比如某些时候要适当学得圆滑些，多观察、多思考，同时适当调整自己以前的工作方式与工作思维。但黄亚旭对此不屑一顾，他认为一家公司看重的是一个人的能力与品德，而自己在这两方面都有足够优秀的表现——作为一名行业的新人，他能够过五关斩六将，将许多强劲的竞争对手甩掉，进入莱伊纳斯集团，这证明他是有能力与潜力的；论品德，他一向行事坦荡，为人大方爽快，在朋友圈中一向有口皆碑。

基于这两方面的判断，黄亚旭来到新公司之后，顾不上左右观察形势，也没有与同事们一一沟通，就满怀激情地投入工作。

首先，他在工作时间上要求自己比别人工作得更长。每天，他总是第一个到达公司，又是最后一个离开。但是，在领导表扬他工作积极时，部门里其他几个完成工作后每天准时下班的同事脸上却浮现出不高兴的脸色。

其次，他要求自己工作做得越多越好。他在做完自己本职工作之后，觉得意犹未尽，又将部门同事还没来得及完成的工作一并做了，但当他满怀得意地告诉同事时，他没有留意到同事眼中一掠而过的尴尬。

再次，他希望尽量参与公司的一切事务，表现出一个新人应有的积极性。所以，每次公司开展研讨会，他都会预先积极准备一个晚上，备足大量的资料，并按照自己对公司发展、对行业发展的判断，撰写了长篇建议书。别人的发言只有短短几句，他却激情满怀地滔滔不绝，几乎将整个研讨会变成了他的思想报告会。当稀稀落落的掌声响起时，陶醉的他没有看到，许多嫉妒、猜疑、敌视的眼神也在同时射向他。

不久，集团举行了销售经理工作测评。黄亚旭对自己在半年时间里的业绩很有信心，他相信集团一定可以给自己一个满意的评定。

出乎黄亚旭意料的是，他的评分竟然排在所有销售经理的最后一名。黄亚旭惊呆了！

这时，部门里的老同事珍妮好心地告诉黄亚旭：“评分低不代表能力低，只代表公司的人都不认可你。就我们的部门来说，本来一切状况良好，你来了之后，就像一头莽撞的大象闯进了瓷器店，把一切搞得乱七八糟。”

黄亚旭感到困惑，感到委屈。

他了解过公司所有规章制度，自己从来没有违反过任何一项。他也了解过公司的工作要求，自己的工作只有做过量而从没有不能完成的。事事表现得都很完美，但为什么别人却说自己像一头大象闯进了瓷器店？

问题出在哪里？

潜规则：看不见的手在运行

珍妮告诉黄亚旭，一个企业就如一家瓷器店一样，要让所有的货品排列整齐、内外运转良好，既得靠许多明文规定的规章制度去让员工遵守，同时也有许多没有诉诸文字的、无形的、彼此心领神会的准则去约束所有人的行为，这是一条只可意会，不可言传的游戏规则。正是依靠显规则及“潜规则”这两种规则的交叉作用，一个企业才能真正运转好。

听了珍妮的话，黄亚旭若有所思。珍妮接着又告诉他，他之所以在考评中不合格，很重要的原因就是他只考虑到遵守显规则，而完全没有顾虑到“潜规则”的存在及其所产生的影响。

看着黄亚旭疑惑不解的样子，珍妮开始详细讲起莱伊纳斯集团的企业历史，讲述这家企业的组织文化以及员工的思维方式。珍妮告诉黄亚旭，在过去半年中，他触犯了下面三条“潜规则”：

潜规则一：个人表现 VS 集体表现

由于黄亚旭的前一份工作是医生，追求的是个人精湛的技术，所以个人能力的表现是最重要的。而现在做的是销售经理，工作需要多方面的配合，个人的表现与能力需要依靠集体的力量去扶持。他只考虑到发挥自己的能力，比如有意延长自己的工作时间、主动增加自己的工作量，却没有顾虑到他这种行为在侧面上影响了其他同事的表现——因为黄亚旭的过分积极，那些按时完成工作、可以准时下班的同事倒显得工作不称职似的。

潜规则二：积极参与 VS 克制缄默

每一家公司召开企业发展研讨会都有不同的目的。有的是给公司员工一个提出意见的平台，有的可能是给公司管理层表现自己领导业绩的机会。莱伊纳斯召开这种研究会时，其他老同事之所以保持缄默或者只说短短几句话，目的是想先听听领导的意见，给领导多一些时间讲述自己的业绩，然后才决定是否应该提意见及提什么样的意见。而黄亚旭在没有预先了解形势的前提下，只考虑到要积极参与公司事务，贡献自己的聪明才智，没有想到他的热情完全是在起反作用。

潜规则三：业绩 VS 准则

作为一名营销界的新人，黄亚旭知道追求销售业绩是第一位的，但他对于追求业绩过程中应该遵循的某些工作准则却不甚清楚。以前在医院工作时，黄亚旭知道病人为了得到更好的治疗，经常会给医生送红包或送礼品，送者与收者彼此都心领神会，这也成为医院的潜规则——黄亚旭相信物质是最好的激励，无论是从事医生行业还是销售行业。

在与客户打交道的过程中，黄亚旭经常运用这种物质刺激手段去拉近与他们的感情，的确是笼络了许多客户，却引起了公司领导及其他同事的反感。因为他忽略了一点：莱伊纳斯作为一家国际化公司，一向强调企业的工作准则及道德准则，虽然没有明文规定不准使用不正当的竞争手法，但公司的员工都潜移默化地自觉遵守。黄亚旭却没有了解到这一点，在追求业绩的过程中忽视了对公司潜在准则的遵守。

听完珍妮的分析，黄亚旭恍然大悟。回想起过去半年里，自己真的就像一头莽撞的大象，在没有审时度势的情况下，懵然闯入了一家瓷器店，打得店里碎片满地。

“潜规则”，这只看不见的手，让黄亚旭实实在在地摔了个跟头。

三个招式让新人认识潜规则

既然认识到了自己的错误，接下来又要如何化解困境呢？

珍妮告诉他，虽然“潜规则”没有诉诸文字、没有明文可循，但是这些“潜规则”的形成是与企业文化密不可分的。企业形成什么样的“潜规则”其实直接来源于企业文化的影响与促成。作为一个新人，要了解自己应该遵守什么样的“潜规则”，最好的方法就是通过多个侧面去了解企业的文化、组织的行为和员工的习惯，这些综合起来就是“潜规则”生长的基础。

珍妮继续给黄亚旭支招。她根据自己的经验，教给黄亚旭三个招式，让他可以认识企业的“潜规则”。

招式一：仔细观察法

“潜规则”虽然无形，但也是有迹可循的。作为一名新员工，了解企业“潜规则”的最好方法莫过于仔细观察企业中群体性行为的表现及习惯。如开会发言的习惯、工作方式的习惯、内部信息沟通的方式等，从这些侧面可以判断一个企业长久以来形成了什么样的组织文化——是倾向于表现个人主义还是集体主义，是鼓励新人积极参与、争取表现还是以论资论辈为导向。

招式二：虚心咨询法

企业文化的承载体实质上是人而不是企业。所以，企业中的老员工往往是企业文化最忠实的支持者或者被同化者，他们的行为准则与思维习惯在某些侧面也可以视为该企业“潜规则”的表现者。新人可以向这些老员工虚心请教咨询，向他们了解组织的喜好、领导者的管理风格等内容，然后通过这些内容去推断出自己不应该触犯的雷区。

招式三：横向对比法

企业的“潜规则”既可能完全由内部生长而成，也可能由于外部的某些影响引发而成。新人可以将自己所在的企业与同行的其他企业进行对比，从企业的策略、员工的行为、发展的目标、营销的手法等多个方面去比较，从中可以更清楚地了解自己的企业有哪些特有的组织行为方式，比如对于企业道德准则的看法、对于企业社会责任以及企业业绩之间的权衡度。组织的行为方式可以深刻反映出最高层管理者的思维方式以及长久以来形成的企业文化，而这些也是生成企业“潜规则”的重要方面。

珍妮鞭辟入里的分析让黄亚旭佩服得五体投地。他终于明白，作为一个刚刚跳行的新人，要想在一个企业获得发展，仅仅了解企业的明规则加上努力工作是远远不够的，更应该清楚了解企业的“潜规则”以及组织存在的雷区，只有双管齐下，才能让自己走得又稳又好。

凭着对“潜规则”的充分掌握，加上自己的聪明才智，黄亚旭在集团中步步高升，几年后更被提升为莱伊纳斯广州分公司的总经理，顺利实现了自己的职业梦想。

什么都可以碰，
千万别碰老板的底线

导读

无论什么类型的公司，无论规模如何的企业，老板的喜好、老板的性情、老板的价值观，往往就是一个公司政治氛围最主要的晴雨表。摸准老板的底线，是搞清公司政治的一个最重要的法则。

老板的底线，看不见的线

笔者曾担任广州某大型企业集团的外部公共关系顾问，该集团主体为国有企业，但有民营资本参股其中。由于企业成立时间很长，公司高层都是从底层一步步晋升上来的，奉行党派主义，所以内部结构复杂，关系错综，导致机构臃肿，是一个典型的讲究公司政治的企业。

那一年公司打算上市，但缺乏国际型人才，所以董事会决定打破常规，从外部聘入一个具有国际背景的、从外资企业挖角过来的高级职场人张三为公司的市场总监。

作为张三的搭档，笔者与他所负责的工作互相配合，共同向总经理汇报。笔者在企业多年，自知公司政治凶猛，所以在张三入职那一天，就坦诚地提醒他国企与外企文化大不相同，关系之复杂超乎想象，建议他在开展工作之前，有必要先熟悉、研究一下国企的企业文化与公司政治，特别是摸清老板的底线与喜好，以便日后更好地在这里发展。

张三一口回绝了，明确说他是来搞市场的，不是来搞政治的。

由于张三来头显赫，且又是董事会所器重的人才，所以总经理对他也很是敬重，他自然成为公司里最有影响力的人物之一，虽然职位只是总监，但在许多方面他已经可以与公司副总经理平起平坐了。

在员工大会上，总经理数次向各部门的负责人强调了他对张三的信任与重视，并表示自己也会全力支持张三的工作，希望他大胆开拓不必顾虑其他。在这个层级众多、官僚体制严重的企业中，总经理如此史无前例地支持一个“外来和尚”，实在让人惊讶。许多人在猜疑：张三的到来是否会让公司的政治发生颠覆性的改变？

总经理屡次公开的支持让张三热血沸腾，他不止一次跟笔者说，完全没想到总经理对他如此器重，也没想到一家老牌国有企业的企业文化可以与外企一样开明，所以他会知恩图报，尽力去拼搏。

对此，笔者的内心充满疑惑，一方面对总经理有点反常的“大方授权”

有些不解，另一方面为张三对这种“大方授权”的简单理解而捏了一把汗。

在接下来的一年时间里，张三进行了许多市场革新，基本将他在外企中所操作的那套成熟的运营模式搬到了现在的公司，取得了一些成绩，也造成了不少失误。对于一些因为张三一意孤行而造成的失误，公司不少人都有怨言，但总经理对张三却始终抱以信任及鼓励的态度。

有一次，公司在筹备“十一”黄金周的销售大战，广告、公关、销售几个部门都在紧张地筹备着。在拟定整个推广计划之后，张三忽然提出了新的建议，他认为今年的销售形式有变，所以要启动全新的销售推广手法。他的想法几乎否定了前面几个部门所做的所有工作，而且由于从未有过先例，因此存在不小的风险。

总经理虽然不太同意在如此仓促的时间内进行全盘的调整，但看到张三如此自信且执著，最后勉强同意了。

自信并不代表胜利。张三的执意行为失败了，公司损失惨重，业绩相对去年同期下降20%，董事会将公司所有高管集结开会并追究责任。总经理沉默着，但所有人都看得出他内心斗争的激烈。

出乎所有人意料的是，在董事会严厉的责问面前，总经理竟然一口将这次失误的所有责任承担了下来，替张三扛过了这一重担。

总经理的“完美表现”让许多人大跌眼镜，包括笔者在内。总经理并不是一个完美无缺的领导，他有他的忍受限度，有他用人的底线，张三的一次次失误显然还没有触及那条“看不见的线”。

总经理的宽容与开明，让张三更有了一份“士为知己者死”的冲动。

转眼到了年底，在另一场市场大战中，由于策略制定得当，公司取得了显赫的战果。为此，公司举行了盛大的庆贺晚宴。晚宴上，张三喝了很多酒，酒酣耳热之际，当面跟很多人说：“看到了吧，公司没有我是不行的，要是我升职了，肯定可以干出更大的成绩!”

许多人都附和着，虚与委蛇之态更让张三感觉飘飘然。

但是，总经理的脸当场就黑了。

一个星期后，在一次公司大会上，总经理第一次不留情面地把张三训斥了一顿。三个月后，总经理找了个冠冕堂皇的理由，“体面地”让张三离开了公司。

一个可以容忍下属犯错误的老板，却无法容忍下属好大喜功，更不能忍受下属功高盖主。老板这一条“无形的底线”，让以为可以无所顾忌、勇往直前的张三彻底翻了船。

老板的底线与公司政治

无论什么样的公司，无论规模如何的企业，老板的喜好、老板的性情、老板的价值观，往往就是一个公司政治氛围最主要的晴雨表：如果是宽容的老板，其公司员工往往敢于冒险；如果是善于猜疑的老板，其公司往往弥漫着互相警惕、谨慎压抑的氛围。所以，摸准老板的底线，是摸清公司政治的一个最重要的法则。

许多热情的职场人都与张三一样，认为自己来企业是为搞市场或搞管理的，而绝对不是来搞政治的，可惜这种想法往往会变成一种职业理想主义——3人以上的企业会形成某种文化，10人以上的企业就会存在势力帮派，50人以上的企业必然有公司政治，虽然许多职场人都对公司政治深恶痛绝，但是作为一种公司的附属物，你可以厌恶它、蔑视它，却无法回避它。公司政治无所不在，并渗透到企业的各个层面，从最小的打卡制度、加班制度，到人员任命、利益分配、公司战略等各方面，我们都可以寻觅出一家企业公司政治的踪迹。

而在许多倡导个人式英雄、老板意志强烈的企业中，老板的底线往往就会变成企业最基本的价值观——这是一个雷区、是一条警戒线，任何人都不能贸然去跨越与触碰，否则将可能引致老板如临大敌，为防鸠占鹊巢，大抵会做一餐“炒鱿鱼”。

相对于老板愿意主动宣扬的价值观、个人愿景等“明线”，老板的底线往往属于其不愿意明说的“隐线”，这条“隐线”需要职场人仔细地观察与分析才能知其所在。

公司的“明线”加老板的“隐线”就构成了完整的公司政治。纵观业界，每一个成功的职场人不仅能够游刃有余地把握“明线”，还能富有智慧地把握住老板的“隐线”，在“隐形底线”之上挥洒自己的才能。

有些老板可以容忍失败，但有难共担可能是其底线；有些老板可以充分授权，但绝不容忍下属功高盖主。业界有许多著名的老板与经理反目成仇的案例，从创维的黄宏生与陆强华到联想的柳传志与孙宏斌，莫不如是。陆强华与孙宏斌虽然为各自的企业创下过显赫的业绩，但他们或因张狂、或因强硬，都在无意中触及了老板的底线，破坏了公司稳定、固有的政治氛围，老板为顾全大局，不得不“痛下杀手”。

老板的底线虽然属于“隐形的翅膀”，但也不是完全无迹可寻。与洞察一个人的品格与为人一样，探寻老板的底线同样需要深入的洞察与分析。主要可以通过以下三方面的观察入手：

身边人观察法

近墨者黑，近朱者赤。以老板身边人为镜则可以知老板。仔细观察老板身边最亲近、最信任的人，从其作风和处事风格中，往往可以判断出老板的价值观与底线所在。

小细节观察法

任何一个再谨慎小心、再善于表演的人都会有露出真性情的时候。当老板在激动、狂喜或悲伤之时，其所表现出来的喜好与所阐述的言语，往往不同程度地代表着其内心真实的想法，这正是职场人把握其心理底线的有效途径。

老员工沟通法

成立时间较长的企业必然有许多老员工，无论职位高低，他们无形中已经成为企业文化最好的载体，或者说公司政治影响力的“标本”，他们对公司政治的把握、对老板喜好的观察往往非常到位，这也是职场人了解老板底线的最准确的信息来源。

作为职场人，与老板相处其实就如与朋友相处一样，要彼此和睦、共同发展，就必须把握对方的喜好与底线，投其所好，避其所忌，借助对方的支持使自己更顺利地实现目标。

做事如同做人，做企业的工作就是做一群人的工作，对人的把握是必须做到的，尤其是对老板的把握——失去他的信任与有效资源支持，任何职场人都难以获得发展。而这其中最重要的前提就是明确老板的隐形底线何在，并在工作中有意回避，使彼此更加信任对方。从这个角度来讲，把握老板底线，了解公司政治，应该成为每一个职场人晋升路上的必修课。

跨界而生，
应对职业发展危机

导读

对于职场人士来说，无论身处什么企业、高居何等职位，都必须有强烈的危机感并预备相应的危机应对策略，这种危机感是一种居安思危的前瞻行为，是一种步步为营的稳健的处事风格，只有这样，才能更好地确保自己在职场中的长久发展。

电影《2012》给职场人的启示

根据玛雅文明的记载，人类的历史将定格于公元2012年；无独有偶，唐朝的推背图似乎也预言到公元2012年世界可能发生灾变。好莱坞灾难巨片《2012》描述的正是这样一场可怕的灾难。

2012年12月21日，一场史无前例的灾难爆发了——火山爆发、地震、海啸、台风等令人生畏的自然灾害接踵而来，脆弱的人类在灭顶的灾难面前是如此的不堪一击。这是电影《2012》讲述的故事和阐释的内涵。

这部灾难大片虽然只是一部科幻片，但是也给我们带来许多思考：世界末日或许不会真的到来，但灾难或危机却无时无刻不隐伏在我们身边，我们每个人都必须有强烈的危机预防意识，只有平时未雨绸缪，灾难或危机来临时才能应对有方。

灾难片虽然给我们带来心理压力与沉重情绪，但其带来的启示也让我们受益良多。作为一个职场人士，《2012》的价值不仅仅是宏大的惊险场景、刺激的镜头观感，还有一种引人深思的职场生存哲学——职场危机感。

危机是社会、家庭、自然环境的一种常态，危机的种子与企业的成长是如影随形的。西方的格言说得很精辟："危机就如死亡与税收一样，是不可避免的。"危机与灾难一样，我们很讨厌它，但是无法完全回避它，我们唯一能做的就是预防以及制定应对策略。《2012》这部灾难巨制给职场人的启示有以下三方面：

时时刻刻保持强烈的危机意识

无论是企业、环境还是个人，都难免会在某时某刻遭遇灾难或危机。虽然冲击难以绝对避免，但是高度警惕的人与浑然不觉的人，在面对同样的危机冲击时，其承受的结果是截然不同的。

在2008年的经济危机冲击下，许多企业受到严重的影响，业务收缩、市场份额下降、裁员、降薪……一系列危机冲击让许多职场人士手足无措，原来以为可以高枕无忧的生存环境瞬间被撕得支离破碎。那些没有危机意识、未做好充足心理准备的人，在从天而降的危机面前，显得如此无助而痛苦。

所以，对于职场人士来说，无论身处什么企业、高居何等职位，都必须有强烈的危机感并预备相应的危机应对策略，这种危机感是一种居安思危的前瞻行为，是一种步步为营的稳健的处事风格，只有这样，才能更好地确保自己在职场中的长久发展。

预防并有效地觉察到危机的痕迹

仅有危机意识是不够的，我们更应该在危机意识的基础上做好预防——预防的目的在于让我们更有前瞻性地发现危机的蛛丝马迹。

作为职场人士，除了做好本职工作之外，还必须有意识地去了解公司的各种经营、管理情况，如近期业务情况、媒体对公司的报道情况、高管变动、行业发展趋势等，了解这些情况，能够帮助职场人从某些重大的或细微的变化中，觉察出公司或自身职位可能遭遇的危机冲击，从而提前做好准备。

形成职场危机应对策略

我们在电影《2012》中看到，面对惊涛骇浪的袭击，人类最终采取的策略是登上预先制造好的巨型船舰“诺亚方舟”以求生存——在职场生存法则中，我们同样需要为自己打造一艘“诺亚方舟”，以备职场逃生之用。

如果觉察到职场危机可能来袭，职场人就必须迅速建造属于自己的“诺亚方舟”——这种准备就是技能的提升、人际关系的拓展以及新工作机会的留意。提升技能可以令自己即使离开现有环境仍然有很强的竞争力，拓展人际关系可以帮助自己获得更多的外部机会，留意新工作机会则可让自己及时把握住迅速转场的契机，这三者构成了建造职场“诺亚方舟”的坚实基础。

面对职场危机，有人退缩消沉，有人跨界而生

同样是面对沉重的工作压力和黯淡的前途，有的人郁郁度日，有的人则不断思考、寻找新的发展机会——在正职工作之外，努力发展业余兴趣，并将业余兴趣做到了极致。许多人最后竟然因为这些“旁门左道”而获得全新的发展机会。

一个在单位上班、穷极无聊的公务员，每日为看不到尽头的仕途而苦恼，于是自娱自乐，没事便在网络写点小说，谁也没想到，中国最畅销的历史故事小说之一——《明朝那些事儿》就此诞生。“旁门左道”使一个小公务员的人生彻底被改变。

一个原本名不见经传的高校英语教师，偶然机会下接触了互联网，并深深为其所吸引，在对技术一窍不通的情况下，凭着对“副业”的异常热情，竟然打造出了全球最大 B2B（Business to Business 的缩写，指电子商务的一种）网站——阿里巴巴。可以说，是马云的偶发兴趣成就了一番大事业。

由于职业的关系，笔者经常有机会到全国各地的企业去交流。在笔者认识的企业家、职场人中，不少人谈及其职业发展道路时，总有这样的感叹：“无心插柳柳成荫，原先我也没有想过会做这一行……”

在个人职业发展中有两种模式最为典型：第一种是高瞻远瞩型，职场人或创业者一早就定下清晰的目标，认定自己要前进的方向，百折不挠地向既定的目标前进；第二种是机会导向型，职场人或创业者原本从事某一行业，但偶然机会下接触某一“旁门左道”，忽然间内心潜藏的激情、兴趣、斗志被激发出来，于是对“旁门左道”不断挖掘，最终“副业”的价值超越原本正

职，并逐渐发展成值得自己为之终身努力的长远事业。

对于大部分职业人士来说，要成为高瞻远瞩的先知前行者并不容易，一是个人拥有的资源或技能总是随着时间推移而增加或提高，而且事业发展上的心志成熟需要时间的积淀，所以只有少数的天才型或毅力型人才才能成为第一种类型的发展者。

从发展的角度分析，大部分职场人士都属于机会导向型。对这些职场人士来说，职场就如爬山，是一个缓慢向前，同时需要审时度势、不断调整方向的奋斗过程。所以，现阶段的职业发展与未来阶段的职业发展虽然有一定的承接性，但也不会是完全相同的——在某种外力或机会的催化下，个人的职业发展在某个时间点上可能出现令人诧异的转变，炒菜厨师转身成了经营者、外语教师转身成了网站 CEO、公务员转身成了专职畅销书作家。

所以，职场发展就像电影《阿甘正传》的台词所说的一样：人生就像巧克力，你永远不知道下一颗的味道是什么。我们也很难预测到自己职场发展的下一步会走到哪个高度、会走向哪里、会走得如何。正因如此，我们需要积极做好一切准备，把握好每一个转瞬即逝的机会，让我们的人生在可能的时候绽放出全新的光彩——职场的跨界而生正是为此而来。

世界正朝着一个“跨界”的方向发展：车在跨界，它既可以提供商务用途，也可以满足家庭需求，必要时还可以越野而行；手机在跨界，它既可以满足通信需要，也可以成为个人装饰及身份象征。在新的时代环境下，个人职业发展不再是一条路走到黑的“从一而终”，多元化、多技能、多身份，已经成为职业发展的一种新时尚——世界著名的企业同样洞察到这种趋势，谷歌公司允许员工用20%的上班时间做自己感兴趣的事情，甚至进行内部创业。正是这种支持员工发展“旁门左道”的大度，员工们贡献给谷歌的项目创意源源不断，而谷歌也为社会造就了不少创业人才。

智者总能随时代的变化而变化。在保证正职工作技能不断提升的基础上，我们需要进行适当的“跨界”——利用适当的条件去培养某种新的技能、新的兴趣点或者创建新的平台。这种技能可以是歌唱能力、娱乐大众的能力、烹饪能力、体育运动能力或写作能力等。这些貌似“不务正业”的属于旁门左道的技能，总能在某些特殊的情境下，成为自己职业发展的新方向，许多人的命运就此被改变。

2008 年风靡内地的台湾电影《海角七号》中，几个小人物因为对副业的发展而改变了自己的命运。邮差阿嘉、小米酒业务员马拉桑、警察劳马等人，在完成自身工作之余，七拼八凑组成了一个名叫“破铜烂铁”的乐团，业余时凑个台子表演，以此自娱自乐。尽管成立之初磕磕绊绊，运行效果不佳，但谁也没想到，一次偶然的救场之举，让“破铜烂铁”跨越成为“金钢”。由于主办方的坚持，这支完全业余的乐团参加了恒春夏都沙滩酒店在沙滩上举办的大型演唱会，竟一举成名。

正如《海角七号》的电影台词所说：人只能活一回，梦想却有无数个，唯有放手一搏，才能知道机会属不属于自己……此话正是对职场跨界者“跨界”努力的最好注脚。

跨界不是一心二意，而是为了让人生多一种可能。

跨界不是术业无专攻，而是为了更好地开发、激发自己未知的潜力。

职场，跨界而生，你准备好了吗？

30 岁之后，如何做好职业选择

导读

三十而立的职场人处于一个人生选择的分水岭之上。许多人会在这个年龄节点上感到困惑，其深层原因在于无法将价值观、人生目标与技能优势协调一致。职场人只有透彻了解及有效协调这三个因素，才能明确自己的职业定位。

如今，三十而立的职场人是一批幸运的人，他们大多有机会在大学里接受高等教育，毕业之后正好赶上中国经济进入快速发展的黄金时代，职业选择多得让人眼花缭乱，宽阔的人生舞台给他们提供了许多机会去施展所长；这又是一批备受困惑和煎熬的人，经过几年艰苦的基础性打拼，大多数人在事业上已经有了一定的积累，眺望未来似乎触手可及但又云遮雾障。在 30 岁这个人生关口上，他们发现，原本宽阔无边的人生之路似乎忽然间变得只有两种选择：要么在安逸平淡中坚守，要么为理想而重新开拓。

30 岁，职场人的心理分水岭

作为一家国有房地产集团公共关系部的副总监，30 岁的傅建海已经是业界的知名人士之一，而且在公司中被看做是一颗前途无限的新星。

与这家公司的一般员工不同，傅建海并不是一开始就从房地产业的基层做起，而是半路出家。研究生毕业之后，他先在当地一家新闻媒体做记者，然后进入一家外资咨询公司担任高级咨询顾问，因为对房地产行业的精辟见解，被集团的老总看中，通过猎头公司直接被挖到了现在这家公司担任公共关系部副总监。

傅建海果然不辱众望，凭借着广阔的媒体关系，以及对房地产行业发展前景的准确把握，在短短几年内做得风生水起，不仅迅速提升了公司的知名度，并推进公司与当地政府建立起了良好的关系，而且还成功化解了几次大的危机，令整个业界都对他刮目相看，公司总经理更是对他信任有加，多次在公开场合表扬他。

无论从哪一个角度来衡量，毕业仅仅 6 年的傅建海无疑已经是一个成功者，他不仅有着丰厚的收入、有楼有车，还有着不可限量的锦绣前途。但傅建海内心的矛盾却无时无刻不在困扰着他。

在这家国有房地产集团工作几年后，当工作的激情开始减退时，傅建海才发现，他与这家公司的企业文化有着深层次的格格不入。

在工作作风上，公司里的员工早已习惯慢悠悠的工作方式，良好的福利待遇及制度保障使他们失去了危机意识，许多员工做事情能拖则拖，这使一向讲究做事效率、雷厉风行的傅建海经常空叹无奈。

在组织的创新与知识积累上，傅建海深知创建学习型组织的重要性，一再向上反映要加强员工及组织的内部学习，但大多数员工甚至包括领导都已经习惯了闲散的工作方式，要让他们专门安排时间来学习，根本没有可能。傅建海的一番努力得不到任何回馈。

更让傅建海难受的是，公司里许多资历比他深、工龄比他长的员工，看着傅建海这个外来“和尚”在短短数年内就如此风光，内心开始感到不平衡，在某种狭隘心理作祟下，他们在工作上故意与傅建海作对，使他的工作越来越困难。

对于职业前途，虽然现任总经理很欣赏他，但是公司权力斗争激烈，高层领导之间互相倾轧、论资排辈的现象非常严重，许多高层领导背后都有各种错综复杂的社会关系。傅建海虽然年轻有为，但只能算是一介布衣，毫无社会关系支撑，虽也有深厚的资历，但继续向上升职的可能性不大（虽然收入会增加）。另外，在公司沉重的权力斗争氛围下，傅建海觉得自己不仅处处受制，而且一举一动似乎都受到别人的监视！

职场上的无形压力像一张网，傅建海感到身心越来越疲惫，丰厚的薪金收入越来越不能抚平内心的压抑与烦恼。

在一次偶然的机会中，傅建海遇到了大学同学元浩。毕业后，元浩在一家公司打了两年工之后，靠着一点积蓄在海南代理某 DVD 产品的销售，经过几年的打拼，公司迅速发展壮大，资金与实力都上了一个台阶。对于未来发展，元浩充满了憧憬与激情。元浩一向欣赏傅建海的才干，极力邀请其一起创业。

“创业好坏是为自己打工，得失全由自己，何苦在别人的公司里为五斗米而委曲求全?”

元浩真诚的劝诱还在耳边萦绕，那一夜，傅建海失眠了。

在遇见元浩之前，傅建海对成功的定义就是有楼有车、工作稳定，但他现在才发现，原来创业梦想是如此激动人心。自己目前的成功只不过是拥有一些物质上的收入，但元浩的成功却是在得到现实收入回报之外，更拥有一份精神的自得与满足以及开拓未来的激情——这一点，正是自己所缺乏的。

按目前的情况，傅建海知道如果自己以追求安逸舒适的生活为人生目标的话，只需适当调整一下心态，坚守现有的状态便可以实现。但是如果想体验不同的精彩人生，实现人生的另一种飞跃，那么创业才是适合自己的未来之路——虽然这意味着一切从头开始，意味要放弃现有的安稳而去承担一定的风险。但在30岁这个人生关口上，傅建海必须作出抉择。

要安逸舒适地坚守还是艰苦地进发？傅建海陷入了沉思之中。

30岁之惑：舒适地坚守还是艰苦地进发

傅建海的困惑正是许多年届而立的职场人的真实写照。

从事业发展角度看，他们大多度过了职场最艰苦的适应期，跨过择业初期的迷茫与困惑，在不断提升的经验与技能的推动下，开始进入职业生涯的黄金时期，许多人升上了企业的中层职位或者担任了企业骨干的角色。但从精神追求上看，正是由于没有物质与生存的威胁，他们又开始追求精神的富足以及人生梦想的自我实现，期冀人生飞跃的想法时时激励着他们要突破现状。

是舒适地坚守还是艰苦地奋进？这是横陈在许多职场人面前的一道难题。

在而立之年，是守业还是创业，王辉耀的成功故事将对我们有所启示：

作为欧美同学会商会会长，在亚加国际集团公司和美欧亚国际商务公司任董事长的王辉耀走过了一段很不平凡的人生奋斗之路。

20世纪80年代中期，当大家都争先恐后去捧“铁饭碗”时，王辉耀毫不犹豫地放弃了在中国外经贸部的仕途，去读当时中国还没有多少人听说过的工商管理学硕士（MBA）；到了20世纪90年代初，当大多数留学生还在西方世界勤工俭学时，不到30岁的王辉耀就已坐上了西方跨国大公司董事经理的位置。丰厚的薪金福利并没有让他停下前进的步伐，接下来他又选择成为一名黄皮肤的西方外交官。

后来，当更多的人争先恐后去北美新大陆寻求理想时，刚过而立之年的王辉耀却令人惊讶地放弃了外交官的荣誉，选择回到祖国创建自己的事业——从职场人到创业者，王辉耀每一步都走得稳健而准确。在一次次的放弃与抉择中，王辉耀迎来了其人生荣誉的巅峰。

同样作为成功者，原微软中国区总裁唐骏的人生足迹却恰好与王辉耀相反。唐骏在而立之年放弃当三家公司的老板，选择到微软做一个职场人，经过 8 年的奋斗，他成功坐上微软中国区总裁的宝座，在职场人的岗位上，唐骏迎来了其人生的辉煌。

成功可以参考，但无法复制。对于王辉耀与唐骏来说，他们所要奋斗的目标不是某一个结果，而是竭力追求一种状态、一种成就感。对他们来说，做职场人还是自主创业，这或许并不是最重要的，重要的是，在人生的每一个阶段都能把握住自己的命运，在三十而立的人生关口上，他们都能够清楚地回答这些问题：自己拥有什么样的优势？自己的人生梦想是什么？自己要往哪里去？

对于许多三十而立的职场人，虽然职业之路宽阔无比，但是向左走还是向右走、是留守现有还是自主创业，这并不是一个容易下的决定。成功无定式，王辉耀与唐骏的成功故事或许给我们这样的启示：只有看清自己，才能发展未来。

30 岁职场人的职业定位

无论从年龄还是职业前途上，三十而立的职场人的确处于一种人生选择的分水岭之上。成功的职场人之所以成功，是因为经过几年的挫折与摸索之后，清楚了自己想要做什么，而且最关键的是他们知道自己能做什么。

另一方面，许多职场人会在这个年龄节点上感到困惑，其深层原因在于无法将个人价值观、人生目标与个人的技能优势协调一致。职场人只有透彻了解及有效协调这三个因素，才能明确自己的职业定位。

在年届而立之时，王辉耀之所以毅然放弃已有的成就，选择自我创业，最主要的原因就是王辉耀明确了自己的职业定位：他喜欢挑战，喜欢不断地尝试新事物，所以需要不停地做一些事来证明自己的能力与潜力，而自我创业就是满足这种愿望的最好途径。而从老板转变成职场人的唐骏，同样在明确了自己的人生定位之后才作出了勇敢的决定。无论是转行去做职场人还是自我创业，王辉耀与唐骏通过不同的方式证明了人生是有限的，而潜力却是可以不断挖掘的。

当一个创业的老板与当一个企业中的职场人，所要求的经验、心理素质、管理能力是大不相同的，成功的老板不一定会是好的职场人，反过来亦然。在职业生涯中，自己适合扮演什么样的角色，在 30 岁这个人生分水岭上，要怎样作出明智的决定，职场人必须分清以下三个方面的差别：

对于成就感的认可范围及程度

有些人工作的成就感源于自己为社会所创造的财富，只要能创造财富，他们愿意放弃自己固守的价值观、生活准则，期望不断创新、不断实现新的目标；有些人工作的成就感除了源自一定的收入外，更来源于工作的意义、个人社会地位、企业责任感等外部因素，其对人生的要求是有秩序、安稳、公平与高效率。前者适合做一名创业者，而后者则更适合做职场人。

“打工是成就别人的成功；创业才完全属于自己。”这种对于事业成就感的不同认定，促使许多职场人转变为创业者。甄荣辉放弃作为贝恩管理顾问公司中国区总裁每年千万余元的收入，与人合伙创办了无忧工作网。他自称创业的想法很早就有了，1984 年从香港大学毕业后进入惠普公司工作，当时深受这家公司创始人创业精神的影响。他认为做职员的活，可能今天干好了得到提拔，可是如果明天不去做，这份工作就完了；可做合伙人就不同，不干也没关系，干到一定程度可以找专业人士来做，自己就轻松了。正是出于这种观念，许多与甄荣辉想法一致的职场人甘于放弃安稳体面的生活，选择自我创业。

对工作压力深度及广度的承受差异

创业是艰苦的工作，尤其要忍受较大的心理压力。有调查显示，如果普通员工心理承受压力系数为 1 的话，那么中层经理的相应系数就为 3，高级职场人的相应系数则为 10，而处于创业期老板的相应系数则至少为 100！

当然，无论是作为职场人还是创业者，都必须承受压力，只是两者之间的压力来源大不相同。除了压力系数的大小之外，职场人所承受的压力大多来自组织内部，如业绩要求的压力、权力斗争的压力、职位升迁的压力；而创业者所承受的压力更多来自外部，竞争、销售、市场，这些压力更为繁杂、更为琐碎、更为无穷无尽，这需要创业者有非常好的心理素质，能够从容面对来源于工作以及工作之外的种种压力。

能够接受压力的深度与广度，一定程度上决定你适合做职场人还是自我创业。

对于个人才干的识别

一个 30 岁的职场人在行业经验、工作技能上可能已有一定的积累，他也可能在某个大型企业统领着几十人甚至上百人的队伍，个人的才干在秩序化的企业组织中得到有效运用与发挥，他的才干需要“站在巨人肩上”才能望得更远。但如果只有某一项单一的才干及技能，而不懂得如何推进组织的秩序化、企业运作的效率化，他就难以胜任一个创业者的角色，因为创业意味着一切归零，从头开始。自己的才干是适合在秩序化的组织中发挥还是适合从无秩序中创建出一个有秩序的组织？准确回答这个问题，有助于职场人在创业与做职场人之间作出决定。

职场人需要的更多是一种将才，一种在已有组织秩序和企业文化的保障下，发挥自我才能或者统领“士兵”向某一目标进发；而创业者需要具有元帅的才干，他或许不需要某一方面出色的技能，但他一定要懂得如何团结人、激励人、将一群人的梦想与组织的目标捆绑在一起。将才与帅才两种不同才干的区别，是决定一个人适合做职场人还是自我创业的重要因素。

职业生涯中的减法选择

导读

对许多职场人来说，职业生涯的减法选择，有时竟然演变成了一种加法——就在转身之时，生活可能骤然间打开了一扇全新的门。

许多年前，第一次接触互联网的马云被网络的神奇力量深深地吸引住，触觉敏锐的他意识到一个巨大的商机正摆在眼前。他毫不犹豫地辞去收入不菲、工作稳定的大学老师职位，全心投入，致力于开发网络交易平台。那是20世纪90年代中期，互联网刚刚在中国兴起，而网络交易平台不仅是一个全新的事物，对于马云来说，更是从未接触过的陌生行业，前途是死是活、是明是暗无人得知。但在马云心中，他认定这个目标是一个值得他舍弃现有的一切、矢志不渝地去追求的人生新路向。

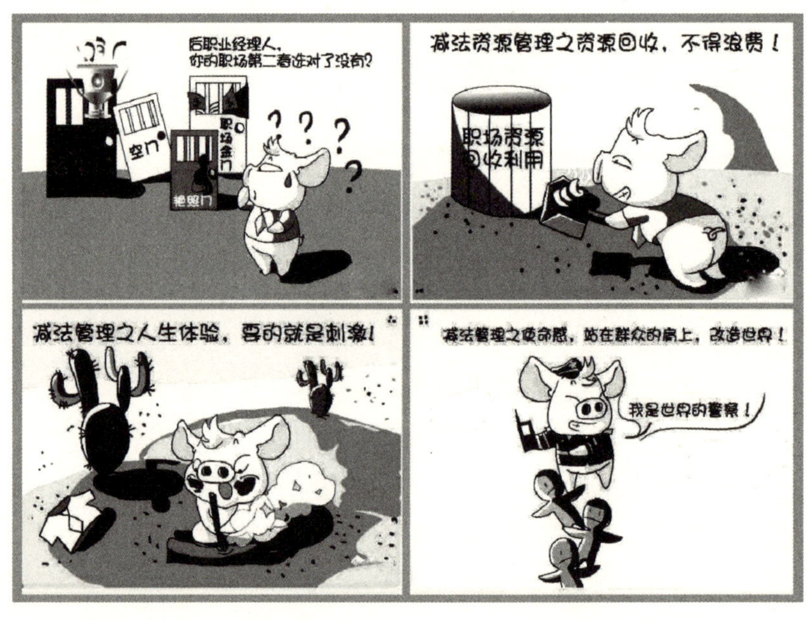

那一年，马云31岁。刚刚步入而立之年的他已经是杭州十大杰出青年教师，校长还许诺给他外办主任的职位，事业发展前途一片光明。但是在马云看来，为了求得一个外办主任的职位，他可能得去面对许多他并不喜欢的事，如应酬、拉关系，忍受同事嫉妒的目光，等等。职位可以越升越高，但人生的自由可能由此变得越来越窄。特立独行的马云毅然转身，在认定新的人生目标之后，放弃了已有的地位、身份和待遇，毅然朝着梦想狂奔而去。

10年后，阿里巴巴成为世界首屈一指的B2B网站，而马云也因此成为中国最富有的人之一，当年的舍弃换来了今日的辉煌。

在业界，越来越多地涌现出这样一群职场人：他们不再遵循传统的职业发展法则，在一家著名企业或某家稳定的事业单位兢兢业业工作几十年，工作的稳定对他们来说毫无价值。在某一段人生路途上长跑10年之后，他们中许多人开始进行人生转向，毅然放弃原有的一切，踏上人生森林中另一条陌生但充满诱惑的小道。有些人为追求财富而去，有些人为证明自己的能力而去，而有些人则纯粹只为寻求新的人生感觉而去——迅速发展的中国经济、不断宽松的社会氛围，为“马云们”的人生新奋斗提供了种种可能。

按普通的价值观标准去衡量，我们很难明白如马云这样功成名就的职场人，为什么会在稳定的职业仕途中作出新的人生选择。但从社会价值观日益多元化的角度看，“马云们”的选择似乎也是完全可以理解的：成功者对于成功的定义正在不断变化，成功不再只是功成名就，也不再只是高官厚禄，成功还可以是放弃已有的一切，勇敢去追求自己内心潜藏已久的纯朴梦想。

相对于正在人生发展道路上不断攀爬的初级职场人，这些已经度过初始职业摸索期、进入职业生涯黄金时期的职场人——我们将其称为“后职业经理人”，在这个剧烈变化的时代中，出于某种原因，他们甘愿冒一定的风险与压力，勇敢地为自己人生职业生涯的黄金时期作出新的规划——而减法管理则是其中最好的策略之一。

后职业经理人大多在35岁左右，他们的职业生涯已经进入人生新阶段，不再为简单的生存而奋斗，而是为某种目标或个人理想去放弃已拥有的东西，利用前半生所累积的经验、人脉、知识、资本去实现另一个梦想。

职场浮沉数十年，后职业经理人大都已练就洞察世事的本领，他们有着积极的人生态度、强烈的个人使命感以及丰富的人生阅历，因此他们对事业、生活、人生的追求比年轻的职场人有更深切的体会，他们所作的选择与职业规划往往也更为明确。当然，任何抉择都有失误的时候，在职业生涯黄金时期的抉择失误对于后职业经理人的打击将是沉重的，因为时间已经不允许他们有东山再起的机会。

我们所要探究的是，后职业经理人在作出新的职业抉择时，要把握住什么样的原则、遵循什么样的标准，才能为自己职业生涯的最后一幕画上完美的句号。

职途转身，打开人生的另一扇门

曾少廷是广州一家大型 IT 企业的技术经理，从业十多年，职业发展一直顺风顺水，在公司是一名备受尊敬的经理。

曾少廷所在部门有十多名技术经理，包括他在内的五个人已经被公司认定为升任公司技术总监的候选人，他们将在长达半年的时间里接受公司各方面的考评，最后选出一个最优秀的人出任总监一职。很多公司同事私下都认为，34 岁的曾少廷是此职位最具竞争力的人选，而公司领导也有意无意地暗示他要多努力。

自从公司的选拔令下达之后，曾少廷明显感觉到他与几名竞争者之间的关系骤然紧张起来：愉悦相处的气氛不见了，互相变得充满敌意。原本亲如兄弟的伙伴，现在却有着陌路人的客套。

曾少廷对此既感困惑，也感到非常无奈。对他而言，目前的工作吸引他的地方并不在于职位的晋升，而是每天可以做自己喜欢的事情，并在工作中不断提升自己的工作能力，以及享受同事之间那种自如、和谐的关系。在他的内心之中，他并不是追名逐利之人，领导别人、指挥别人做事、协调下属关系这些事情，在他看来不仅没有吸引力，反而是一种负累。由于竞逐总监职位的原因，使得他与同事之间的关系变得紧张起来，这是他非常不愿意看到的。

究竟是要忍受着自己不喜欢的事情去追逐更高职位，还是退一步过自己喜欢的生活？曾少廷一直在为此思索着。最终，曾少廷作出了一个让所有人惊讶不已的决定：他决定放弃技术总监的角逐，继续做他的技术经理。

公司内部都对他的决定感到吃惊，但也深深佩服他的放弃，原先几位与他竞争的同事更是表现出敬佩之情。在经过多次谈话之后，公司领导在赞赏曾少廷技术能力的基础上，更是一致认可他大度的精神。经过研究决定，公司为曾少廷专门设立了一个新的职位——技术顾问。曾少廷既得到了更多技术研究的资源与权限，可以专心做他喜欢的技术工作，又不需去做协调内部关系这些他不擅长的事情。

一年多的时间很快过去了，曾少廷用行动证明了他当初的决定是正确的——放弃了名利的追逐，他换来的不仅仅是人际关系的一贯和谐愉悦，更让自己在技术积累上更上了一层楼。人生的减法选择，在无意中竟然演变成了一种加法——就在他转身之时，生活在骤然间就打开了一扇全新的门。

与曾少廷一样，越来越多的职场人在原先的职业发展道路疯狂地奔跑了许多年之后，忽然发觉职业的发展似乎并非是朝着自己喜欢的方向而去，于是有些人选择了减法管理——毅然放弃一些流光溢彩的东西，只留下最符合自己价值观的几项核心资产。而这种减法管理所带来的失重感、新鲜感、新的使命感，让这些后职业职场人体验到了另一种不同的人生。

时代正在以我们难以置信的速度发展，商业环境、职业发展、行业发展、价值观也在随着社会的变化而不断变化，而职业发展观的变化也使得许多后职业职场人对自身的发展有了多元化的思考——在越过人生的某个顶点之后，人所追求的目标就会发生变化。职业发展道路不再只是直路一条，而是有许多分道，不同的分道代表着不同的人生与意义，疯狂地奔跑之后忽然转变路向，目的就是为了追寻另一番不同的价值体验。

在这种忽然改变方向的奔跑中，有些后职业职场人因把握好了其中的转折而使自己的人生新规划得以顺利开展，也有些后职业职场人因各种原因步入误区，如对新职业判断失误、自己的个性与新公司格格不入，无法适应遽变之后的失重感，从而使职业生涯最后一程没能完满结束。

从职业发展的角度来看，如果说人生前半段的职业规划是一种加法管理，职场人不断寻求各种可能去为自己增值，提升自己的职业资本，包括名誉、报酬、技术水平等，那么对于后职业职场人来说，他们的人生新规划所需要的是一种减法管理——删掉所有“乱花渐欲迷人眼”的诱惑与误区，只留下唯一的价值标准来指导自己作出抉择。

如何做好减法管理

对刚刚入行的年轻职场人来说，时间是用之不尽的财富，他们有的是机会与时间去试错、摸索、东山再起。对于后职业经理人来说，时间却是相对稀缺的资源，所以，他们在作人生新规划时，应该把握住自己的优势，把握住正确的人生路向，而减法管理就是一种有效的策略。

减法管理其实非常简单，人生诸多的追求目标，如金钱、地位、技术能力、影响力、使命感、价值体现、享受生活情调等，于其中一项一项删除自己认为不是最重要的东西，最终留下一项或者两项，以此准确锁定人生目标，并指导自己作出正确的选择。

桑顿舍弃高盛千万年薪来到清华大学当起教授，他的目的简单而明确——教授“全球领导力”课程，为中国培养世界级领导人才，而他这一目标的设定也是看中中国正在不断崛起、中国在世界的影响力不断加强的大背景。桑顿利用他在顶级投资公司工作二十多年累积的经验和在世界级公司的管理经验，在职业最后一程毅然决定转换自己的人生角色，当一名授业解惑的教授。表面上，总裁职位与教师角色截然不同，但如果从发掘人才、培养人才的角度看，这两者又具有关联性——这也是桑顿忽然转变人生路向的价值基点，职业规划减法管理方法告诉他，最后一程职业生涯所要做的工作就是：利用自己世界级的经验与知识，为中国培养世界级人才。

从桑顿总裁到桑顿老师，桑顿是成功的也是快乐的，他的人生新定位给许多后职业经理人一种深刻的启示：无论你是追求影响力、使命感、知识传递、培养人才，还是期望实现资本增值，所有的决定都应该与自己原先拥有的基础相关连。后职业经理人是站在经验、知识、阅历等资本的累积基础上，向另一个目标进发的，所以，过去所拥有的一切将成为人生新定位的优势资源。

减法管理所遵循的是“越简单，越明确”的职业规划标准，后职业职场人可以参考下面三条减法管理方式去定位自己的职业发展：

减法管理之资源导向

相较于年轻职场人，后职业经理人所拥有的最大资本就是经验、知识、阅历、人际关系等优势，所以他们的人生规划发展目标可以缩小至与自己的资源相关的目标——如某政府部门的领导退休之后，到企业担任咨询顾问，其熟谙政府监督管理企业的标准和要求，并已积聚了一定的人脉，可以在法制化运作和公关方面为企业提供帮助。

减法管理之人生体验导向

如果将职场比喻成一片大海，后职业经理人的人生之航已经越过了大部分的惊涛骇浪，职场上所有的酸甜苦辣他们都已领略过，成功与失败的滋味也一一尝尽。对于他们来说，许多世俗的欲求已不再强烈，唯一想寻求的可能是一种全新的人生体验，体验另一番从未有过的精彩。当然，后职业职场人在追求以人生体验为目标的职业时，应该将由此产生的风险置于自己可以把握的前提下。

减法管理之使命感导向

相较于一般职场人，一些成功的职场人往往有着强烈的使命感，这种使命感往往是难以用世俗的标准去衡量的。比如有些成功的职场人愿意转变人生路向去从事一些很有社会意义的工作，如慈善家、教授、公益机构的顾问。在这种强烈的个人使命感基础上产生的简单而明确的目标，可以成为后职业经理人确定自己人生路向的指南针。

社会正以丰富多彩的方式不断进步发展，每个人都有机会去实现自己的梦想。无论处于什么样的境况，只要积极进取、了解自我目标、把握前进路向，无论是年轻职场人还是后职业经理人，都可以让自己的梦想成真。

职场人，迈向职场生活3.0时代

导读

职场生涯就像爬山，当你处于最低阶段时，只能不断付出汗水与努力，为了生存与发展勤勤勉勉地努力工作；而当爬到了职场生涯的中间阶段，你可以获得相对宽裕的自由以及更多的发展选择；而当你历尽千辛万苦站上了一览众山小的顶峰时，你就可以充分享受工作的乐趣。这个爬山的阶段相当于职场的三个层级：职场生活1.0、职场生活2.0和职场生活3.0。

职场生活 1.0

“日复一日，年复一年，我们无休无止地加班，何时才是尽头？究竟是为了生活而工作，还是为了工作而生活？”

那一天晚上九点半，陈强还在办公室埋头思索要提交给客户的咨询方案，忽然朋友在 MSN 上满腹牢骚地发来了这句话。

陈强愣住了。

为了生活而工作，还是为了工作而生活？陈强从来没有去好好思考过，为了应付繁忙的工作，他也根本没有时间去思考工作的价值、工作的意义等形而上学的问题。在过去近 10 年的职场生涯中，陈强只知道，要晋升更高的职位、获得更多的报酬，就必须付出更多的汗水与精力。同时，为了在拼命工作之后获得一系列更好的生活享受，就必须在原有基础上，继续付出更多的汗水与精力，无休无止地加班就是其中的手段之一。

虽然这种逻辑思维很正确，但是生活似乎走进了一个怪圈。

晚上 10 点钟，陈强做完当天最后一份文件，关了电脑，步履疲惫地走出办公室，准备乘车回家。窗外已是万家灯火，喧嚣一天的城市已经平静下来。与陈强一样，许多西装革履的职场人也正从高级写字楼中涌出，或饥肠辘辘地寻找一顿丰盛的晚餐，或登上摇摇晃晃的车准备回家。

这样的职场生活陈强已重复了近 10 年。每一天几乎都是以同样的轨迹去开始生活，不断地努力工作，不断地想办法提升自己的价值以保持自己在公司的地位。而陈强所从事的公关咨询行业，更是一种脑力和体力都要高强度消耗的行业，快速的知识更新、越来越高的客户要求以及日益激烈的行业竞争，都使得“陈强们”无法安逸停步，只能不断想尽各种方法提升自己的价值。生活似乎永远处于一种被透支的状态：虽然“陈强们”有不错的收入，却没有时间去挥洒；而当他们安排出时间时，却已累得没有精力去享受。

这是一个处于奔跑状态中的职场人真实的生活写照。

就在那一天的那一刻，陈强忽然对这种似乎永无尽头的循环感到厌倦。

他觉得职场生活不应该是这样的，不应该陷入一种无止境反复轮回的恶性透支，而应该有更多的机会去体验生活的美好。

虽然职场生活不可能那么有诗意，但起码要有更多的自由。想起“长的是磨难，短的是人生”这句略带黑色幽默的话，陈强觉得是打开职场另一扇门的时候了。

一周后，陈强递交了辞呈，转行做了一名独立公共关系咨询顾问。

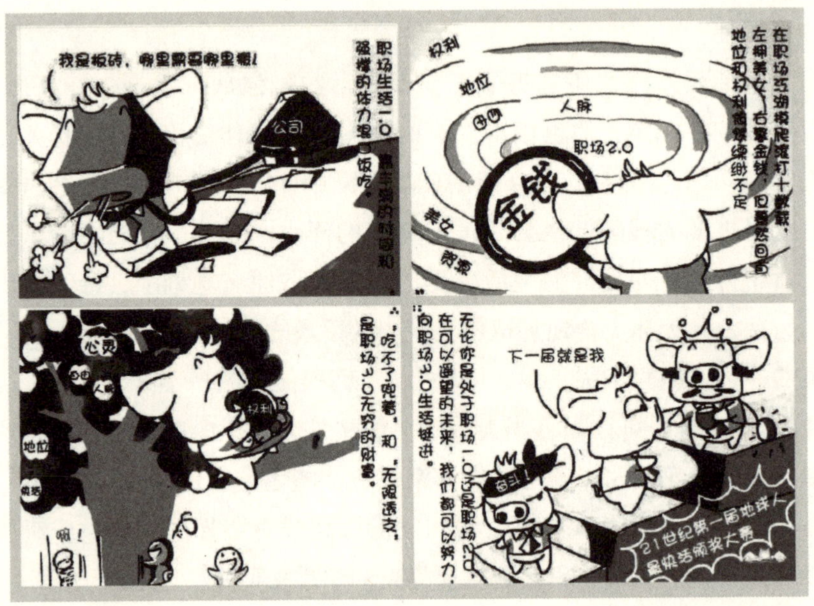

进入职场生活 2.0

为了等到可以独立自由工作的这一天，陈强在职场生涯中已经经历了近10年的磨砺。

要获得自由时间很容易，因为辞职只需要一刹那的冲动。但是要获得真正意义上的自由，更需要的是详密的计划——如何从公司化的生存转化成为个人化的生存，并且持续获得发展，否则职场生活 2.0 不过是一个虚幻的泡影。

进入职场生活 2.0，首先面对的是一种心理压力。在职场生活 1.0，你服务于一家公司，你所有的工作时间都属于公司，所以即使有时工作效率不高，耗损的其实是公司的资源与时间成本。而在职场生活 2.0，你服务于自己，所有的工作时间就成了自己的成本，如果工作效率不高，耗损的时间就会成为沉重的负累，因为除了你自己，没有机构来为没有效率的工作支付任何报酬，这种心理压力是每一个进入职场生活 2.0 的职场人所必须承受的。

专业技能的积累程度更是决定职场人能否自由进入职场生活 2.0 的另一关卡。在这 10 年时间中，陈强先后经历了三份职业：新闻记者、房地产集团资讯策划经理和咨询集团咨询顾问，这三份似乎并无关联的职业其实有着千丝万缕的联系：以对新闻传播的把握加上营销策略的运用，再融入商业咨询的思维，就构成了陈强成为一名独立营销咨询顾问的知识基础。

另外，作为一名商业咨询顾问，陈强原先任职的公司是一个领先于行业的商业咨询集团，正是在此平台上，陈强有机会与很多跨国企业、本土企业进行充分的交流，为多家著名企业提供了咨询以及危机管理的解决方案，也在此基础上积累了许多丰富的实战经验与广泛的企业资源——陈强想进入职场生活 2.0 最重要的条件就是必须拥有某一方面丰富的技能经验、一定的业界知名度以及广泛的外部资源与社会关系。

当陈强决定独立工作时，他开始有意识地与以往许多有过交往的企业接触，深入交流自己的想法，更重要的是表明自己可以在哪些方面帮助企业发展——企业的需求永远是不断增长的，而自有的人才却往往难以有效地满足需求，所以对外部专业性人才的协助向来有必然的需求。在深入交流之后，一些企业邀请陈强去参与一些公司项目的运作，一些企业则请陈强为其提供咨询传播以及危机管理方面的课程培训。而这也正是陈强实现自由工作的计划：以独立专家的身份参与不同公司的项目，以项目合作制方式进行自由工作。

如果说职场生活 1.0 是一种以时间为核心的工作，即职场人必须为某一公司付出自己所有工作时间，那么职场生活 2.0 就是一种以技术为核心的工作，职场人可以依靠自己某一方面独特的专业技能，自由服务多家企业。从职场生活 1.0 转入职场生活 2.0，对陈强来说，不仅获得了一种时间上的自由，更获得了可以最大程度地扩展自己专业知识的机会。

在职场生活 1.0 阶段，驱使自己发展的是时间，你必须投入更多的工作时间以求完成更多的工作量或者博取上司的认可；职场生活 2.0 阶段，驱使自己发展的是技能，你必须拥有坚实并得到认可的专业技能，才能够真正获得自由的价值。所以，在开展职场生活 2.0 计划中，对陈强而言，最重要的就是以积累专业知识为核心，并最大化地发挥知识的外延价值，建立自己的价值优势。而这种知识的外延化，包括三方面的计划：

一是以项目合作制的方式参与多家公司的项目运作。国内企业的咨询意识正在不断提高，他们希望通过咨询手段去提升企业的知名度，但是咨询行业一直处于人才匮乏的状态，所以他们迫切希望得到专业人才的协助，这也为陈强以独立的身份参与多家企业的咨询项目运作提供了空间。

二是为企业提供公共关系方面的培训。随着企业品牌运作意识，特别是危机管理意识的提高，越来越多的企业需要了解品牌运用、营销传播以及企业危机管理方面的知识。对陈强而言，为企业提供培训是有条理地建立自身知识架构、与企业进行密切交流的有效渠道。在为企业提供的多次商业咨询培训和交流中，陈强不仅可以进一步深化自己对咨询实战的理解，还与多家企业建立了良好的关系。

三是著书立说。作为一个财经专栏作家，陈强一向有将经验与感受著述成文的习惯。在获得时间上的自由之后，陈强可以加速这种知识经验的梳理工作，并以出版的方式塑造自己在行业的影响力。

虽然从工作量上来说，现在并不比以前少，但是可以自由支配时间以及可以掌控生活节奏，让陈强体验到了工作的另一种意义。这种意义就是不必再为一份薪水而透支生活，也不必为了完成公司的目标而拼命压制自己的性情和生活时间，而是可以全心全意地为自己认为有价值的目标而工作，为兴趣而工作，在更好的心态、更高的效率下工作，尽情去发挥个人的最高价值。更重要的是，这种方式能够获得更好的报酬，却可以拥有更多的自由。

这就是职场生活 2.0 的魅力。

从职场生活 1.0 到职场生活 3.0

职场生涯就像爬山，当你处于山底时，只能不断付出汗水与努力，昂首朝前，一步一个脚印向上攀爬；而当你爬到了半山腰，艰苦的路已经半数踏在脚下，职场人可以获得相对宽裕的自由以及更多的发展选择；而当你历尽千辛万苦，终于凭着实力站上了一览众山小的顶峰时，职场人就可以尽情挥洒自己的才情，充分享受工作的乐趣。

这个爬山的阶段相当于职场的三个层级：职场生活 1.0、职场生活 2.0 和职场生活 3.0。

在职场生活 1.0 时代，职场人以付出时间获得发展。由于工作技能处于待提升阶段，人脉关系、社会网络缺乏，职场人必须以朝九晚五的生活，将自己的全部工作时间投放在某一家公司，以时间投入去获取生活的资本，同时不断积累相关技能。

在职场生活 2.0 时代，职场人以出卖技能获得发展。职场人由于已经在某一领域积累了丰富的经验，同时拥有更多的可支配的资源，可以成为某一领域的专业人士，可以以提供技能来获得职场的自由，而不必再以朝九晚五的方式长期服务于某一家公司，在获得自由时间的前提下，能够有更多的机会去拓展自己的人际关系网，为下一步的发展做好准备。

而在职场生活 3.0 时代，职场人可以通过调动资源来获得发展。在职场摸爬滚打几十年，职场人已经成为某一领域有影响力的领袖或专家，他们不仅积累了高深的专业技能上，更在社会关系网上有深厚的根脉，他们可能是某家企业的董事会成员、政府的特聘专家等。他们或许拥有自己的企业，但他们绝不会从早到晚都待在企业里，因为有高级职场人帮他们处理公司的日常事务，他们要做的是出席各种高峰论坛、行业研讨会或是回应政府事务的咨询，以此继续拓展其影响力，同时为企业带来更多的资源。处于职场生活 3.0 时代的职场人，获得的不仅是支配财富和社会关系的自由，更是心灵上的自由，他们可以按自己的喜好、意愿去开展工作与生活。

工作为了生活，生活不一定为了工作。在自我兴趣的驱动下，工作与生活其实可以无缝一体，这或许就是职场生活的最高境界：你的工作价值得到高度认可并且转化成巨大的社会价值，没有人能够束缚你的发展，除了你自己，没有什么能够限制你才能的发挥，除了你的意愿。而你要做的不过是轻松地调动不同的资源，使不同资源搭配之后发挥出更大的价值，同时以你的大智慧去指点企业朝正确的方向发展，然后你可以像王石一样，去爬山、远足、打高尔夫、拍广告，尽情地去享受人生的乐趣。这就是职场生活 3.0 时代的职场人的至上境界。

此时此刻，无论你是处于职场生活 1.0 时代还是职场生活 2.0 时代，在可以遥望的未来，我们都可以努力，向职场生活 3.0 时代挺进。

附录：资深职场人士自述——他们曾经的职场第一步

初入职场：实干、创新就是机会

广州市聚众计算机有限公司总经理　李俊

受景新老师委托，我得以有一个机会来好好回想一下这些年来，我在职场里所走的道路。希望我的心路历程能够给各位读者一点点启发。

2002 年，我中专毕业，学的是机工设备安装专业，由于自己不喜欢这个行业，毕业后毅然决定南下广东找工作。一个多月的求职无果，加之盘缠日益见底，只好通过一家职业中介所的介绍，应聘到一家工厂做学徒。

2002 年 8 月中旬，在深圳沙井镇的香港荣华五金制品有限公司，经历两轮面试后，我成为这里的实习员工，按厂规三个月的实习期后才能转为正式员工。进入工厂后的头十天，还不能进入车间，被安排在外面做一些打扫卫生，给厂区的花花草草浇水，搬一些废旧的模具等打杂的事务。经过 10 天的“前奏”，终于可以进入车间，开始上班。

夜晚，在 10 个人一间的宿舍里面，大吊扇呼呼地响，我辗转反侧。我甚至抱怨这个社会如此不公，十几年的寒窗苦读，居然成了流水线上一名生产工人。这里的同事水平参差不齐，有的人通过一定的关系，不用面试也可以进来，有的经过三五年的工作经验后，已是高薪技术人员，还有的已成为中层管理人员——组长、班长、领班等。有时候，我也会觉得很迷茫、烦心苦闷，自己的前途在哪？如何才能改变自己的价值，提升自己？我一直在思考，也一直在找机会提高自己。

每天吃完早餐后，工厂会组织员工做早操然后再进入车间工作。我发现我做操的动作还算标准，当时做操也没有固定位置，每天我都提前三五分钟到达，占据我们车间其中一个队第一位的位置，也叫领操，这样给我增强了一些信心，毕竟新人在第一个位置领操还是很少的，有的人进入工厂后，学做操也要半个月甚至一个月之久。

国庆节工厂放假两天，其他老员工都出去玩了，宿舍只剩下我一个人。

宿舍一直非常凌乱，由于都是做重工，工厂90%都是男员工，下班后都很累了，根本无暇顾及住宿环境。我想起在学校时候整理得整洁有序的八人宿舍，于是按照在学校的习惯重新布置了工厂宿舍，所有的鞋子摆成一条线，所有的被子叠成豆腐块状，所有毛巾挂成一条线等。晚上工友们陆续回来，他们的第一反应是一愣，然后再看一下门牌号，确定无误后再走进宿舍。工友们对我这样的做法表示赞同，并表示以后都要这样保持下去，我心中窃喜不已。我做了一件非常普通的事情，但对某些人来讲是十分新鲜的，可能他从来没有想过生活环境可以如此有序。大家一直这样坚持，大约过了一周，一个领班来我们宿舍串门，发现我们的宿舍与众不同，便上报到人事部门。人事部门考核后，号召大家向我们宿舍学习，我们的宿舍成了全工厂的榜样，我感到非常高兴，甚至兴奋，我只是做了一件极其平凡的事情，却能产生如此大的影响，改变了全工厂员工的生活环境。后来，我的举措得到了人事部门的肯定，当月奖励50元人民币，这是我没有想到过的。

在车间内，我只是一名学徒，学的是CNC数控。每天下班前学徒都要帮自己的师傅清洗机床，倒掉加工中的金属屑等。我给自己增加了一些任务，当时是一个人操作两台机床，我师傅旁边也是两位老员工，我便把清洗机床的数量从两台增加到六台，包括地面的清洁工作我也包揽了。我当时没有想得到任何回报，只是觉得，我是一个新人，多付出是应该的，后来证明我的做法是对的，其他两个师傅也经常给予我一些帮助，在工作上会给我更好的建议，在他们的指导和帮助下，我在进厂第二个月后就可以独立操控机床了。

在后来的一段时间，我敢于向管理部门提一些建议，例如，建议宿舍实行评分制，分数高者得流动红旗，给予适当的物质奖励；建议工厂图书馆除了专业知识的书外，增加人文类、励志类书籍等。此外，在工厂生产流程方面，我也就可以改进的技术性问题提出过相关建议。虽然有一些建议未被采纳，但是我当时的心态已很安稳，我认为在工作中发现问题并提出建议，是很大的快乐，自身也得到了提升，并在提升中与大家共同进步。

经过3年的努力，我成立了自己的计算机公司。回想我的第一份工作，当时的情境至今仍历历在目，不由得感慨万千。

我很庆幸也很坚信当时的举动，它增强了我的自信。在学校我并不优秀，也不曾担任学生会干部，甚至是一个靠补考才能拿到毕业证的学生。社会这个大熔炉从来不在意你曾经的辉煌，从学校踏入社会，一切都要从零开始，不要因为学校光鲜的经历而以高姿态踏入社会，那样会摔得很重。

对于初入职场遭遇的不公平，我认为，不要抱怨也不要埋怨，这个社会从来就是不公平的，选择任何一份职业，不管它是否与专业有关系，只要去做了就要100%地投入。不要带着情绪去工作，认为是无奈之举的选择、认为是根本不适合这一工作等情绪，在工作中是会出问题的，有时间多问几个为什么，有绝对把握就去解决，感觉信心不足的话可以向管理层递交建议，站在管理者的角度，他也希望自己的员工能发现问题或是提出解决问题的建议。每个人的思维是不同的，有很多人能想到工作中的问题，但是没有去解决、去行动或者表述出来。每一个行业，都没有一个人能100%做到尽善尽美，靠大家努力去改善才会做得更好。

不要贪图回报，“拿多少钱，做多少事”这个思想绝对是错误的，如果你真的这样去做了，那你只会一直平庸下去，没有人在你等待机会的时候给你面包，机会总是留给有准备的人。

向古惑仔学习
——写给公关广告行业的职场新人们

宣亚国际传播集团高级策略顾问　黄明胜

也许是自小在穷乡僻壤长大的原因，我天生就缺乏纯文艺气质。所以到今天，《红楼梦》是四大名著里我唯一看不进去的，春树和村上春树在我眼里一样是凡人。最初接触到电视，受影响最大的是港片《霍元甲》。上初中时，我不可救药地迷上金庸、古龙。唯一喜欢的正统作家，还是被人视为以笔作投枪的鲁迅。对这种杀伐气的迷恋，终于在《古惑仔》风靡内地时有了一个高峰体验。仍然记得在老家昏暗的录像厅里，看到陈浩南和山鸡最后终于雄霸铜锣湾时，浑身如打了鸡血般亢奋。以至于曲终人散时，常常要条件反射地捡起板砖砸向居民楼。

看了这些，你不难明白，我的内心是多么崇尚彪悍作风。我一直不知道如何为这种情结作一个漂亮的解释，直到若干年后有个叫罗永浩的人出现。他说，彪悍的人生不需要解释。

我真正的意思是：职场如江湖。身为公关中人，古惑仔其实是值得学习的。

混社会，你得会扛事

这是我对古惑仔的认识之一。要想混社会，就先得有一技之长。无论是砍人、打架还是罩场子，你都得会扛事，否则哪个大哥也不会带你玩。

与现在的很多新人不同，我开始公关生涯并没有丝毫主动选择的意思。懵懂入行，我其实就是一个典型的不明真相的群众。1999 年的春天，我游荡在北京的大街小巷，求职处处受挫。理想照不进现实，我只能把现实当理想。因此，蓦地得到一个公关公司的工作机会，欣喜若狂的我，哪里还顾得上公关这潭水到底有多深。现在想起来，那时候我心态颇佳，认为刚出道的小青年，有条街混就可以了。不可能人人都像陈浩南一样，能在铜锣湾喋血青春。

第一步当然是生存，要迅速证明自己。当时应聘的职位是撰稿人。熟悉我的人都知道，我在写作上一向不“谦虚”，17 岁开始发表作品，曾经貌似一名青年作家。我深信任何写作都是相通的，尽管我也知道隔行如隔山的道理。所以我总是有一股内在的自信，觉得自己肯定能胜任撰稿工作。但另一方面，我也心存畏惧。我明白，只有付出很多才能实现突破。

我的撰稿工作看起来非常顺利，上岗一个月就差不多是主力军了。但其间所经历的，又有几个人能知道呢？1999 年春夏之交，位于京北清河南镇的一片茂密树林中，那个一脸焦虑、心事重重的枯坐者，通常都是我。为了写好公关稿，我深陷其中。有一段时间我天天夜不能寐；我泡在图书馆狂啃新闻、公关方面的专业知识；我捡起前辈们扔在废纸篓里的草稿，然后与终稿对比推敲；我拿出来的“草稿”，通常是至少改了三遍的；没有分配给我写的稿件，我总是要在背后写一遍，然后和同事写的稿件私下对比；我不知疲倦地写、写、写……

男人要对自己狠一点。对此，我是深有体会的。

公关稿件的写作是一门独特的学问。及格容易，出众很难。我的个人经验是，要想出众，先要出格。所谓出类拔萃，说的就是要做异类。你不能总是满足于一篇篇形式规范、内容平实的稿件。因为客户的标准稍一提高，平实就变成平淡甚至是平庸了。在稿件写作上，除了正规的新闻稿外，也需要导入创新思维。唯有如此，才能形成独特的风格，令人耳目一新，受客户欢迎。当然，时时刻刻都不能忘记一个核心——客户的核心诉求及其喜好的风格，这是稿件之本。记住，要共 High，不能自 High。

我曾做过种种尝试。这方面的成功案例当然有，比如那篇给张裕葡萄酒写的《商人有泪》，最终被《读者》转载了。但不可能都是这种轰轰烈烈的壮举，也有效果极不明显的，大部分是那种仅供客户审阅的稿件而已。但无论如何，这种尝试是有价值的。我经历了证实，也体验了证伪。在这一过程中，我对客户心理和偏好的把握越来越准确。

除非是那种典型的流水线模式的公关公司，否则仅仅会撰稿，尚难称之为“会扛事”，至少在个人成长上会很快碰上“天花板”。这个行业渴求全才，但真正的全才是稀有动物。在这个行业，若仅具备单项能力，这样的人发展空间一般不大（除非已修炼成一代宗师），所以大多数人的目标应该是相对全面的主流人才。我把这类人才的发展方向分成三类，一是内容导向，二是客户体验导向，三是资源导向。

如果一开始的起点是撰稿，比较对口的方向是内容导向类。因为其间有相通的东西，比如严密的说服逻辑，对行业、客户、媒体、消费者的深刻洞察，良好的文字表达能力等。一个撰稿人员，要想在方案、策略、策划上都能长袖善舞，需要有一个转型、蜕变的过程。办法无他，精于学习、勇于投入、善于总结而已。如此，时间才是你成长的砝码。总有突然醒悟的一天，那些横亘在每个细分作业间的沟壑不见了，你纵横其间，游刃有余。

狠角色，何愁不出头

会扛事，只是意味着拿到了入场券。要想打出一片天，你得是陈浩南那样的狠角色。号称“铜锣湾只有一个浩南”的陈浩南曾经说过：“我陈浩南出来混那么久，全靠三样东西：够狠、够义、够人多。”实际上，这也是另一种意义上的从优秀到卓越。

要成为狠角色，尤其是要对自己狠，严于律己。无论有了多少资历和多高的地位，够狠的古惑仔从不会退缩，而是身先士卒，从不废话，抄起家伙就干。我固执地认为，作为一个职业公关人，无论什么时候，都该有这种务实的精神和明快的作风。尽管这种作风很多人并不认同，但回想这些年，我总是庆幸自己一直拥有这种不怕吃亏的不吝品质。我从不惮于干活，也没有厌倦情绪。实际上，埋头干活并不影响我抬头观天。我一直在成长，也赢得了很多。

抄起家伙就干，这不是鲁莽，更不是欠缺谋略，而是一种特别的勇气。一个总不砍人的古惑仔，怎么可能在江湖漂？不管任务多艰巨、存在多大挑战，扛在肩上，办法总比困难多。关键是要先动手。如果自己有能力，一往无前就是了；如果别人有经验，虚心求教就是了；如果没人会做，那就更好了，说不定你还一下子树立了标准，可以仰天长啸一把。

记得在凯迪拉克公司工作时，我对汽车的认知近乎一张白纸。但是这又有什么关系呢？我是这样做的：一方面，我从普及性汽车杂志入手，进行了海量阅读（这可不能玩虚的）。但仅有这些概念认知显然是不够的，于是我开始“无赖”地缠着开车的同事，让他事无巨细地给我讲，到底什么是A柱、B柱，什么是中控台、底盘、悬挂……经过这双管齐下的“补课”，我总算入门了。然后在服务客户的同时，也时刻不忘向客户学习。就这样，在汽车公关上我得以登堂入室。此后，我参加过数次汽车客户竞标，服务过数个汽车品牌，渐渐觉得驾轻就熟、从容有度了。

我坚信，任何行业的本质都是一样的，那就是解决问题。而解决问题的关键，并不在于经验、能力、时机，而是先动手、总动手。道理很简单，不动手，任何问题都解决不了。不对自己狠，问题也不会解决得很到位。所谓的狠角色，无他，就是解决问题的高手而已。

或许正因如此，我一直不大能理解，为什么会有人那么看重所谓的职场智慧。恨不得装下一肚子谋略，化身为杜拉拉，能洞悉一切“潜规则”，在职场扶摇直上、步步高升。从我有限的经历看，那些在公关行业最终打出一片天地的，通常是看起来并不“聪明”的、九头牛都拉不回的“猛人”。我的解读是：公关行业是典型的智力行业，这个行业最不缺乏的就是聪明人，在这玩心眼其实就是缺心眼。所以，玩智力顶多证明你合格，玩体力才能证明你优秀。任务来临时，你总如猛虎下山，展现出彪悍的爆发力和耐力，自然比别人走得远。

更关键的是，只有抄起家伙就干的人，才会无情地一拳打死自己的懒惰和惯性，也顺便消灭掉老师傅。而经过不断的一线操盘，出手如刀，你才能修炼成人人敬畏的狠角色。

狠角色，何愁不出头？

其实，古惑仔值得学习的还有不少。比如，在《古惑仔》里，阿昆说，“出来混，有错就要认，被打就要立正”。在中国，公关行业特殊而年轻，犯错是难免的，迅速纠错是公关人自我提升的必经之路。我们不必要求自己永远正确，我们只需要求自己始终在正确的道路上前进。

让时间证明你自己

某杂志社资深编辑　舒宇

与我预想的完全不同，我的职场第一步是从秘书做起的。

大学学习外贸的我，毕业后的第一份工作是到商业领域的一个附属事业单位，给中心主任当秘书。说与专业擦边吧，其实又不相干。“多好的工作机会啊，跟主任能学到很多的。”招聘我来的办公室王主任这样对我说。于是，在担心专业知识的丧失与融入新的角色的惶惑中，我的第一份工作开始了。

秘书的工作很难界定到底是做什么，尤其对我这样刚毕业的新人，主任可能也没有太高的期望，除了让我帮他打打字、整理一些文件以外，并没有给我安排太具体的工作。当时主任频繁地出差，也常去北京参加这样那样的会议，时常不在办公室，更给我留下了大把的空余时间。

看着同时被分到其他部门（如培训部、市场部）的新人，他们整天忙忙碌碌的身影，令我的心中感觉异常沉重，谁也不知道，工作貌似轻松的我，却是心急如焚。因为担心这样下去，什么也学不到，而时间就白白被荒废了。

我开始什么都看。所有与主任有关的文件，他的讲话稿、与上下级单位间报送的文件、中心承办的研讨会的论文、部门间的工作往来资料，等等。主任不在的时间，我就给他整理文件柜、书本、文件……凡是能够读到的东西我都去读一遍，也不管看得懂看不懂，生吞活咽，硬着头皮也要读下去。就这样，利用工作的空余时间，我了解了很多貌似与秘书岗位无关，但是与中心工作息息相关的事情。

中心是一个事业单位，与我后来接触到的公司不同，它没有特别明确的岗位职责，对于我们这些初入门的新人来说更是如此。因此，在我工作的头几个月，经常会有别的部门临时有任务需要人手的情况。遇到这种时候，我总是很乐意参与，因为这不仅能让我接触到更多的人，也能让我更加了解其他部门的运作。

工作上第一个真正的挑战出现在我上班半年以后。因为到了这年的年终，该是对一年的工作进行总结、对下一年工作进行规划的时候了。个人总结、部门总结，那几天，人人都在忙着写总结，互相询问工作进度，而我更是忙得不亦乐乎，因为主任把整个中心总结的撰写工作交给了我。

可以说，这是我第一次感觉到了责任的重大。我青涩的文字水平和短暂的工作经历与整个单位的工作总结看起来是那么不相称。好在有半年不问青红皂白的阅读垫底，我对中心的主要工作内容和成果大致心中有数，然后就是去“纠缠”各部门的负责人，让他们给我详细讲解他们的工作总结和下一步的计划。差不多整整一周，我都“沉浸”在这份工作总结中，反反复复，不能辍笔。

在我的万般忐忑中，年终总结会如期而至。当主任在讲话中引用到我写的总结内容时，尽管他没有提到我的名字，我还是紧张地躲避着所有人的目光。让我内心难以平静的原因是，第一次，我感觉到了我在这个单位真正地存在着。

第一次的历练总算成功地结束了，而我秘书的工作也没有持续太久。几个月后，单位内部组建了一个新的部门，我被抽调过去，成为新部门的创始成员之一，并且如愿以偿地开始从事之前所期望的业务工作。

今天，当我不再是新人，而是看着公司里别的新同事出出进进的时候，我特别想跟他们说的是，不要嫌弃你现有的工作，因为，你需要时间来证明你自己。

与过去不同的是，现在的公司化管理实行一个萝卜一个坑，每个工作岗位都有非常明确的工作职责，这其实是很有利于新人成长的。但是很多新同事到了一个岗位上以后，不喜欢这个岗位的工作内容和工作方向，于是很消极地对待，勉强完成工作也是痛苦无比，搞得自己郁闷无比，最终跳槽了事。

也许坚持做自己喜欢的事情是正确的。但是，在大多数时候，这份喜欢的工作不是主动来到你面前的。你需要创造条件让它实现，首先就要证明你自己是有能力做好你想做的事情的。其次，也许你会发现，即使你不喜欢的那些事情，做了也不会是无用功。总有一天，你会用到它。

今天，我仍是职场中普通的一员，与那些走上事业巅峰的成功人士远不能相比。但是我想，我们从工作中获得的喜悦和成就感应该都是一样的。希望所有新入职场的人，都能尽快找到自己的位置，感受工作的快乐。

谢谢各位，谢谢林景新老师。

创造职场的独特价值

乔森电气（中国）有限公司市场总监　肖南方

不经意间，职场江湖已悄然飘过10年之久。

从青涩的职场菜鸟，到今天管理团队的市场总监，一路走来，真是坎坷与幸运同在，辛酸与快乐同行，唯一没有变的还是那股激情。

曾记起刚出校门的我，整一个“三无”人员，一无工作经验，二无相关资历证件（离毕业还差三个月呢），三无背景，人生地不熟。记得在人才市场面试时，考官把简历一收后，二话不说，立即拿出一些有关该企业新闻报道的报纸，要求我在半个小时内依据这些报纸上的素材写出一篇新闻稿来。凭借在学校里的文字功底，我趴在人声鼎沸的人才市场的墙上写了篇消息稿件，凭此入职于中国最大的民营燃气具企业顺德万和集团，做了广告文案。

那时候，在万和任职的广告文案职位其实就是一个写手，替企业写各种宣传报道文字，同时入职的还有另外一个来自甘肃的人。可等到入职后，学生时的那种意气风发全然没有了，我发现自己根本不称职：一是虽然会写些文章，但在学校时擅长写的那种带酸味的散文诗根本不可能适用于企业，企业要的是新闻稿，而自己在大学时学的是英语，对这些文章没有任何深入研究。二是电脑知识匮乏，除了上网聊Q外（都是大学时惹的祸呀），办公软件都不太会用。三是身边的同事很多都是文案高手，更何况同时入职的那位比我更快地找到了文案写作的感觉。在这种压力之下，我感觉自己一无是处，大学时的那种自得向自卑急速滑落。

这时，当时的部门领导刘予丰（现广州赢丰企业管理咨询有限公司董事长、中国十大魅力培训师之一）找我聊过一次，他语重心长地强调了两个到现在都让我受益无穷的观点：创造职场的独特价值和激情工作。他的话到现在我还记忆犹新，他说只有当你创造了别人不可替代的价值，你才能够有相关的价值体现。如何去创造独特的价值呢？只有一个办法，那就是用所有的智慧和热忱把今天的工作做好，这也是职场新人应对明天最好的办法。虽然半年后他离开了公司，但到现在我们都保持着师生情谊。后来接任的领导是在美的、伊莱克斯任职过的柯猛，一个风风火火、雷厉风行的年轻人（比我大5岁），他以兄长的口吻教给了我一个受益终身的观点——箭头成长理论，即人的起点不一样并不重要，重要的是你每天都在成长，踏踏实实地成长，每天都像箭头一样前行，速度越来越快，那么你一样可以甚至提前到达终点目的地。

也就是从那时候起，我放弃了在大学时的那种狂妄姿态（现在想想，在大学里太风光了并不是一件好事），将原来环境里熟悉、习惯、喜欢的东西放下，从零开始，向所有人请教，虚心学习。正如“打工皇帝”唐骏所说：“我觉得有两种人不要跟别人争利益和价值回报。第一种人就是刚刚进入企业的人，头五年千万不要说你能不能多给我一点儿工资，最重要的是能在企业里学到什么，对发展是不是有利……”

一个人起点低并不可怕，可怕的是境界低。为了创造独特的价值，练好内功，我接过了没人愿意碰的企业内刊，开始学习做策划、做推广、做网站管理，开始涉及终端和培训等工作，平日里为办公室的同事打水、搞卫生，永远保持着谦恭心态和激情状态。

记得那个时候，自己的工资是全部门除了文员之外最低的，同样是做广告文案的岗位，新入职的员工月薪比我高出50%，而我已是有一年工龄的员工了。钱拿得比别人少，但活干得比别人多，我经常加班加点，有时甚至加班到一两点钟，回宿舍必须打的士（工厂和宿舍较远），因为单位在工业区，回家的路还不能保证安全。说那时无怨无悔肯定是假的，那时内心也时常感到不公平，但总是自我安慰：现在是练内功的最佳时期，练好内功才有可能在未来攀得更高。能干工作、干好工作是职场生存的基本保障，我一直这样在激励着自己。

整整三年，我几乎把市场部涉及的工作岗位都做过一遍。而正是这三年的经历，让我确定了自己走市场线的职业发展道路，发现自己是真心喜欢这类工作。也是这三年的经历，让我重返家电业后（为追求新闻理想离开了万和，去报社做了三年的新闻记者)，开始走上管理岗位，在威力、格兰仕做部门管理干部，到现在管理十多人的市场部却并不感到吃力，就是因为自己在各个岗位上任过职，知道每个岗位需要什么、会存在什么样的问题、应该给予什么样的指导。也正是这三年的经历，奠定了自己的处事风格、行为习惯、交朋识友的态度等。直到现在，我都怀着感恩的心感谢万和集团，每年的厂庆我一定会给隆哥（万和集团总裁卢楚隆）打个电话祝贺一下。

现在，我的市场部团队达到16人，也有很多毕业新人，甚至有个别还是“90后”。我对我的团队提出了自己近10年的职场总结——坚持四项基本原则：一是创造独特的价值；二是打造以结果为导向的执行模式，快速反应，高效复命；三是团队制胜，激情工作；四是不断学习，勤奋务实，在敬业的基础上更专业，在专业的基础上更职业。

因此，对于职场新人来说，首要的就是三种心态：归零心态、学徒心态和务实心态。保持归零心态才能让自己随时保持激情和不断学习的动力，不再“无知者无畏”。保持学徒心态才能吃亏、吃苦，能吃亏、肯吃苦是做人的一种境界，在工作中并不是多做事或多帮别人干点儿活就是吃亏。如果领导让你加加班、赶赶任务，别以为自己吃了大亏，反而应该感到荣幸，因为领导只叫了你而没叫其他人，说明他信任你、赏识你。吃亏是一种贡献，你贡献得越多，得到的回报也就越多。舍得舍得，有舍才有得。学会在适当时吃些亏的人绝对不是弱智，而是大智。保持务实心态，是要把自己的姿态放低，把自己的身价放低，让自己沉静下来，抱着学习的态度去适应环境，踏踏实实地走好每一步。

在毕业前三年里（我当时给自己的是三年时间），你要是能做到比别人多付出一分努力，就意味着能比别人多积累一分资本，就比别人多一次成功的机会。走出校门的年轻人难免带着几分傲气，认为自己无所不能、所向披靡，其实不然，初入职场的新人还是个“婴儿”，正处在从爬到走的成长阶段。在毕业前几年里，一定要让自己逐步培养起这三种心态，具有这样心态的人，其心灵总是敞开的，能随时接受启示和一切能激发灵感的东西，他们时刻都能感受到成功女神的召唤。只要不把自己束缚在心灵的牢笼里，谁也阻碍不了你去展翅高飞。

后记：之前景新兄嘱咐我写一篇职场心得，我开始有些犹豫不决，觉得似乎可写的东西不多。但想着这篇文章也是对自己职场发展的一次总结和回顾，颇具意义，所以答应一写。希望我走的路、体验到的东西，能对各位职场人士有所启发。

职场新人如何规划未来

劲霸男装公共事务部总监　于剑

俗话说："女怕嫁错郎，男怕入错行。"作为刚毕业的新人，如何选择一份工作，如何规划好自己的前途是非常重要的。

去年我到某地招聘职场人员的时候，看到一个人的简历，他 1988 年于某名牌大学毕业，工作 22 年了，两年前离职自己做生意，据说经营极为惨淡。我仔细研究了一下他的简历，发现他一共换过 4 份工作，每一份工作起点都非常低，而且所在的公司都是小公司，这样的职场规划，怎么说都是很失败的。

按照他的学历，如果开始在一个比较像样的公司扎扎实实工作几年，前途就不是现在这个样子了。三年前，我一个朋友的孩子大学毕业，让我帮忙介绍工作。我看他并不是正规的大学毕业，言谈举止也不是很老练，换句话说，他的职场竞争力非常弱。我建议他最好去零售企业工作，因为这种行业不需要多高的学历，只要肯吃苦，早晚能做上去，收入也不差。我先介绍他去了一家世界知名的大型连锁企业，从最基层的理货员开始干。这个工作是非常辛苦的，他干了半年就干不下去了，打电话告诉我他想回老家。我说你回家有好工作吗？如果没有的话，为啥不再坚持一下呢？体力上的累有什么了不起的，休息一天不就好了吗？你没看那些拿高薪的人，那才是真正的辛苦呢！他听了我的话，便继续在公司里做，两年后，随着公司规模的扩张，他被提拔成了主管，现在他干得非常带劲，由于在外企工作，连个人气质也发生了很大变化。

上面这两个例子说明，不管你过去的条件是好是坏，如果第一步走错了，你今后的职业生涯都会受到很大的影响。

我一直强调，职业规划如同盖房子，你的地基多深多广，你的房子就有多坚固多高大。人生可以分成三个阶段，第一个阶段是 30 岁之前，这个阶段里，你需要积累经验和阅历；第二个阶段是35岁之前，在此阶段，你需要找准平台；最后一个阶段是35岁以后，在此阶段，你需要快速提升价值。如果这三个阶段把握不好，你这一辈子也就完了。对职场新人来说，30岁之前都属于起步阶段，就好比是盖房子打地基，你可能做到疲累不堪都不会有高职位高薪水，但你一定要忍得住寂寞。此外，这基础如何打也是很有讲究的，盖房子要看风水，背靠山前临水是好地方，选工作也是如此。首先要找一家有发展潜力的公司，找到一个能提携你的老板，然后找到一份适合自己的工作，那可谓顺风又顺水的理想职业了。只要你埋头认认真真工作几年，随着经验的积累和阅历的丰富，你很快就会从职场新兵变成职场老手，那时候不愁找不到更好的工作！但是如果这第一步走不好，一般情况下很难有更好的机会让你去尝试了，很多人就是失败在这里。

有人可能会问，在好公司和好老板之间该选择哪一个？我建议选择好公司。因为好公司是你的背景，背景好的人才有发展前途。如果你去了一家小公司，虽然老板好，但是不会给你提供一个良好的职业背景，反而不利于未来的发展。

地基打好之后就要开始建房子，建房子也是很有讲究的，为啥有的盖成了国家大剧院，有的才是一个小毛坯房呢？这也是先期规划的缘故。如果你给自己的定位就是毛坯房，那怎么也盖不了国家大剧院。所以，工作也是如此，有的人成了CEO，大多数人只是普普通通的小职员，因为每个人的规划道路不一样。过了30岁之后，你必须确定你人生的发展方向了，并且争取在同龄人中脱颖而出，这几年的时间非常重要，错过了这段时间，你的职业规划还是一塌糊涂。所以古人说三十而立，还是很有道理的。至于35岁之后，就看你前面几年是什么样子了，一般都是“出窑的砖——定型了”。

这里再举一个例子。我认识一个朋友，名牌大学MBA毕业，毕业以后就找到了一份很不错的工作，薪水也远远高于同龄人，但是两年之后他就觉得在A公司里发挥不了自己的优势，于是就跳槽到了B公司，当然，B公司的名声和薪水都高于A公司；但是3年后，他又觉得B公司不重视自己，然后又回到了A公司。也就是说，3年后他的职业生涯又回到了起点。前段时间我和他联系，他说他又跳槽到C公司了，然而职位和薪水都比过去差了很多。我实在搞不懂，这算是哪门子的职业规划呢?

我举上面这个例子其实是想告诉职场新人，一定要珍惜你的第一份工作，这世界上没有完美的公司。我也换过几家公司，切身经历告诉我，只能适应公司，不要幻想公司适应你。如果你的公司在业内比较出名，你的收入也不错的话，千万要耐得住寂寞，不要因为一点小事就不开心，就想通过换工作来改变心情，这样做的后果就是越换越糟糕，越跳槽心态越差。也许公司里有办公室政治，可是哪有纯洁的工作? 只要有人的地方就有斗争，有利益的地方就有尔虞我诈，我们需要学会适应和忍耐，等到你“翅膀”硬了，再去考虑更高的发展吧! 至于所谓的嫉妒和背后的暗箭，只能说明你还不够优秀!

职场如同战场，杜拉拉只是一个传说，况且现实中的职场远远比书中描写的更加险恶。看过动物世界的人都知道，非洲角马一生下来就必须奔跑，否则就要被猛兽吃掉。作为职场新人，不要去担心未来是什么样子的，你所要做的就是像角马一样，永远不停息地奔跑!

进入社会才是学习的开始

英智传播集团合伙人　陆建

1996年9月，我放弃了回辽宁当公务员的机会，只身来京，选择不确定的未来，选择更有挑战的职场。当时的我坚信——不确定蕴涵着精彩。

入职的第一家公司是北京建材集团下属的五金试验厂，是我在国际展览中心人才招聘市场双向选择的国有企业、国内较早生产90度节水龙头的厂家。我的第一份工作是水龙头销售员。

工作前3个月，工资每个月450元。宿舍4个大学生，条件比大学好不了多少。但进入社会的新鲜感让我无暇顾及享受。工厂领导很欣赏我们新入职的学生，给的任务重，权利也很大，这种安排引起了老员工的反感。同时入职的大学生水平也良莠不齐，一些不妥当的做法导致矛盾升级。很多大学生不久就离开了工厂，我却一干就是5年。

入职第一年，我在山西太原和辽宁锦州帮助公司开设了两个办事处。尤其是太原办，后来成为我个人收入的主要来源，也是公司外办机构的成功范例。毕业一年时间，自己几乎都在外地奔波。没觉得苦，包括一个人骑着自行车去各个销售点送水龙头。记得当时有一次包装坏了，几百个水龙头在太原的大街上散落一地，我一边捡，一边想，未来的我一定能行。

当时工作热情很高，但不懂得维护同领导的关系，记得5年后我离职时请领导吃饭，我们的最高领导调侃我："陆建，这好像是你第一次请我吃饭吧？"我汗颜。工作一年后回京，升职为企业销售主管，主管企业销售管理和外部宣传。1998年，我第一次接受中央电视台采访；同一年，在兰州面对几百人的听众、几十家媒体，讲解节水产品。自己穿着牛仔服，在台上充满自信。当时的我，热情，有冲劲，有梦想，无所畏惧，同陌生人打交道不犯怵，同时锻炼了自己多写、敢说的特点。这一点让我受益终身。能说擅写，我认为是一个人在社会生存的优势条件。

如果让我重新选择，也许我会早点离开第一家公司，进入市场经济大潮中拼搏，这样也许自己学到的知识会更多。同时，我很得意我曾经主动放弃了公务员的生活，原因只有一个，招聘我的人告诉我，在政府体系内，你只有熬，在你老了的时候，运气好的话，也许能当个局长。这不是我想要的生活。

15 年，再回首。有些思考也许能给刚刚步入社会的职场人一些启发：

第一，进入社会才是学的开始。这不是套话，在大学，你学到的更多是思维方式，而不是应用到具体工作的技能。因此，无论你选择什么行业、什么企业，都要抱着从头学习的心态。在我这么多年的职场生涯中，我发现，进步最快的人往往不是天生聪明的人，而是善于思考和总结的人。不过，知识浩如烟海，到底该学习什么？在我看来，学习对你当前的工作最有帮助的知识更重要，不同的级别，你思考和学习的知识不同：基础岗位侧重技能；高级职务侧重管理；决策者侧重战略制定。过早学习前面的知识有可能让你根基不牢，甚至在领导看来华而不实。

第二，行业不如企业重要。很多人喜欢刚毕业就进入一个前景很好的行业，这没有错，只是在我看来，就个人而言，行业的前景与个人发展关系不大。相反能不断地让你接触到新知识、不断地让你获得新体验、不断地让你在压力下快速成长、不断地让你受到系统训练的正规公司对你更有价值。毕竟，当今社会，可以从一而终的企业不好找，但本事学到手，谁也抢不走。职场第一步——正规公司的训练可能让你一生受益无穷。

第三，敢于面对变化，敢于选择不确定。在很多人看来，不确定就意味着风险，因此，我看到很多新入职的员工，虽然不喜欢当前的工作，认为它发挥不出自己的长处，但因为不知道自己还能做什么，不敢挑战自己去调整工作。到最后，温水煮蛙，随着年龄的增长，真的失去了竞争力。在我看来，年轻就是资本，千万别在入职初期求稳定，而是要求发展、寻求更大的空间。当今职场十分残酷，却蕴涵无数机会。优秀的员工找不到好企业，同时好企业总是缺少优秀的员工。如果你明确认定第一份工作不是你喜欢的，早点选择调整，利大于弊。

第四，和成功的人在一起。领导的选择也很重要。我有一个大学同学。十多年来一直自己做生意，身边的朋友都是各方面条件不如他的人，于是，这十几年来他个人的成长很慢，总是在摸索、失败中循环，至今也无大成。我认同一句话："成功其实很简单，就是和成功的人在一起。"这句话对新人职场的人来说很重要。和那些你心目中成功的人一起交流共事，你会耳濡目染地学习到他们的知识、他们思考问题的方式、他们为人处世的能力，甚至养成他们的一些优良习惯。这些东西，对你后期的发展很有帮助。

第五，知识、人脉、经验并重。当今社会，知识爆炸，一个百度，很多知识都能得到，而知识远远不能让你稳步前行。还需要你不断地积累对你有帮助的人脉，很多事情在你看来可能很难，但在他们，也许只是举手之劳。并且趁着年轻，多提当、多经历，并把这些成功或者失败的经历通过思考转化成经验，成功的迅速复制，失败的举一反三、加以避免，你注定比别人走得快、走得远。

最后，我想说的是，在我选择新人的时候，他可以不够聪明，他可以经验不足，但绝不可以缺少两个基本品质，那就是诚信和善良。知识可以学习，但道德品质是个人进入社会并不断取得成功的前提条件。

后记：希望本文能在林景新老师的著作中充当一份给职场新人与老手的参考资料，欢迎各位读者提出批评意见。

我的外企职场之路

安利中国公共事务经理　陈艳伶

1992年，我从中山大学中文系毕业。中文系毕业生选择的第一份职业通常是新闻传播业，因为专业较为对口，因此我的职场第一步就是从记者开始。

年轻的时候做记者是挺好的。因为可以开阔眼界，学会和不同的人打交道，当然也可以了解到社会的各个层面。但是，做记者也有不好的地方，比如因为上班无需打卡，只要完成任务即可，因此比较自由散漫；同时记者通常为工作方便，衣着方面也会较为随意，对一些细节也不太讲究。另外，媒体的等级观念不严，上下级的关系也比较宽松，长期在这种环境下工作，如果转行去别的行业工作，会需要较长的适应期。

我做记者差不多两年半的时候，不知为何产生了一种厌倦感，可能是自己所处的媒体不够强势，范围也基本局限在广东省，感觉不到具备什么国际视野，同时也因为只是一个小记者，谈不上能学到什么管理的能力，又或者只是当时的经济浪潮让我在思想上产生了一些触动，因此开始留意一些在广州的跨国公司，希望能到这些公司工作。

我也知道自己没有在大公司工作的经验，因此当时就决定，如果能跳槽到大公司，将不介意由低做起，慢慢打基础。

我选择的第二份职业是安利公司公关部的工作，到今年5月，已在这个公司足足工作了15个年头。目前是公共事务经理，专门负责和媒体打交道。

对于很有能力的人来说，15年居然才干到经理的位置，肯定会对此嗤之以鼻。这也确是事实，这15年是安利从无到有、从小到大的过程，可以说机会很多很多，错过了，机会不会重来。我是升得比较慢的，可能运气不好吧，当时公司正处于发展上升期，到公司的前5年，顶头上司就换了6任。公关部也曾经划归市场部、总经办等部门代管。刚适应时，这个老板又要换人，每一次都要重新熟悉一遍。时间这么短，老板也不知道我的工作能力，因此也没有升职的机会，但是没有办法，只能心悦诚服地承认，自己并不是一个很有能力的人。

虽然并不是有很大能力的人，不过借此机会还是想把自己的一些职场体会和大家分享一下，即使这并不能算是一些能让人成功的体会，甚至也许是自己过去曾经失败的教训，说出来希望大家不要重蹈覆辙，也能让大家遇事心态更为平和，对一些事物的看法不会过于钻牛角尖。

第一点，新人进入公司，通常都是由低做起，做一些初级的、基础的工作。我的理解是，即使是最基础的工作，也要亲力亲为、尽善尽美地做好，这样才能给上司好的印象。我记得初到公司时，经常需要接待访问团，而且要准备很多资料，复印资料占了工作很大的比重。而且那时候复印机经常坏，上班时间又有很多人等着复印，有时候只好把复印、装订的工作放在周六，这样就不会和别人抢了。当整个办公室只剩自己，对着几十份资料忙前忙后时，也曾有点泄气，觉得这些活没有含金量，不是自己想要的。但是，我想起当初自己“不介意由低做起”的承诺，就会一边做，一边振作着给自己打气，努力把事情做好。

而且，光是做资料，我也从同事身上学到很多东西。比如那时邮件还不发达，有些资料需要从香港传真过来，再复印给媒体使用。传真过来的资料通常都会有些黑点点、黑杠杠之类的。我拿到传真件之后，就直接去复印了。我的香港同事就告诉我，可以用一些 pose it，把那些黑糊糊的东西盖住再复印，只要不挡住字就行，这样版面就会干净、漂亮得多，给人的印象分就增加了。这些都是从做基础工作中学到的东西。

第二点，适应老板，而不是让老板适应你。你一定要打从心底里承认，既然他能做你的老板，他一定有些过人之处是你没有的。而且要切记，老板也是人，也有喜怒哀乐，老板情绪不好的时候要适当避开一下，让老板冷静冷静，这时也不要上报什么项目，因为老板根本没有心思听你说，你就白干了。拿不定主意的事情一定要请教老板。承认老板比你厉害，按照老板说的去做，不是说要拍老板马屁，凡是想做出点成绩的人，就不会用只会拍马屁的人，只要你能助老板成功，你也会获得成功。

第三点，让同事关系变得单纯些。有人说，不要在单位交好朋友，交好朋友可以到单位外面结交。这一点就见仁见智了。我的理解是，在商业企业这种环境工作，可以有朋友、盟友，但确实不宜和同事深交或者无话不谈。因为每个人所处部门不一样，待遇不一样，升迁速度不一样，如果觉得别人比自己好，你八成会很难受；当你的好朋友因为种种原因离开公司时，你也会觉得在公司工作失去了滋味和乐趣。这些情绪都是会影响工作质量和效率的。

第四点，不要羡慕别人升职比你快。我在公司十多年，见过有些人，因为看到和自己同期进公司的人升得比自己快而选择离开。而离开后也不见得有多么好。升职升得快，肯定有他的原因，可能他工作能力很强，你并不知道；又或者他经常加班，连家庭都没办法好好照顾，你也未必知道。如果你因此而觉得不公平，自怨自艾，只会让自己被情绪左右，影响接下来的工作。我的感觉是，只要你觉得这家公司还不错（并非说毫无缺点），就应该踏踏实实地做。因为如果你离开这家公司去别的地方，要重新适应企业文化、适应新的老板和新的同事关系，这些都要浪费一些时间。工作经验是需要积累的。

最后，我想说的是，工作只是人生的一部分，而人生非常短暂。大多数人工作的时间是从二十多岁到五十多岁，这是人的一生中最丰富、最绚烂的阶段，希望大家都能好好享受这一段生命历程。工作尽量在 8 小时内完成，周末充分地休息。平时该旅游的去旅游，该休假的去休假，该痴迷爱好的痴迷爱好。放开怀抱，莫自寻烦恼，自然会有快乐的人生。

给职场新人的三个建议

某知名企业市场经理　陈逸名

从业 7 年，艰辛跋涉，虽然距离成功依然遥远，但是毕竟一步一个脚印地向着梦想靠近。抚今思昔，有三句话与诸君分享，希望有所裨益。

只有人适应环境，没有环境适应人

我的职业开局相当困窘，几经辗转，任职于一家名不见经传的小报社。这与我之前的抱负形成极大的反差，大二开始，我就相继在《羊城晚报》和广州市政府新闻信息处实习并获得好评，大四更是一路过关斩将，获得深圳电视台的试用合同。彼时的我意气风发，自以为天地之大，无事不可为。然而，因为年少轻狂，对高等教育制度不屑一顾，我多门课程需要补考，英语四级未过，从而失去了获得一个理想职业起点的资格。

这或许是一个特例，但道理是相通的。不少职场新人都有恃才傲物或理想主义的毛病，而职场也确实存在很多不合理的规则，但有足够实力和魄力去打破樊篱的往往只是凤毛麟角。如果你不是年纪轻轻就已才如江海，那么，谨守游戏规则、保持清醒认知、迅速提升实力，才是明智的选择。

凡事须求性情所近，始有所成

从某种意义上讲，不怕起点低，就怕走弯路。我虽然开局不顺，所幸的是在职业方向上并没有太大的偏差。无论工作如何变动，我都没有脱离自己擅长且热爱的文字和策划领域。

我非常认同林语堂的观点：凡事须求性情所近，始有所成。职业规划有四大黄金准则：择己所爱、择己所长、择世所需、择己所利。前两者偏于天赋，后两者侧重现实，不可偏废，相对而言，又以择己所爱最为重要。工作并不仅仅为稻粱之谋，从事一项你喜欢的工作，工作本身就能给你一种满足感，你的职业生涯也会从此变得妙趣横生。古往今来，不热爱自己从事的领域而能成大事者，少之又少。

以人为师，不如以人为敌

职场新人提升能力，一般有两种途径：一是按照自己的职业规划按图索骥，二是以身边的强者为学习标杆。相对而言，前者更为理性，但职业规划是一个逐步修正完善的过程，普通人很难一开始就有清晰的定位并付诸实践，后者无疑是最直接、最有效的途径。

读书有三种境界——以书为师、以书为友、以书为敌，学习强者亦然。以人为师，只能仰视他、模仿他、靠近他；以人为敌，则是一种批判学习的态度、一种超越强者的决心。在职业道路上，与其尾随一辆快车，不如一路超车，这样才能更快到达成功的终点。

司马嘉的国企之路

中国某五百强企业人力资源经理　李泽江

2007 年一个夏夜，司马嘉赤裸着上身，满头大汗，盘坐在暨南大学真如六楼的宿舍里，桌面的白纸上列出了他近 10 个月的求职成果：

（1）深圳卷烟厂。系里推荐的，办公室文员，工资还没说，但面试时，那个笑眯眯的主管说了一句，“待遇还是很不错的”。

（2）深圳金威啤酒公司。团省委老师引荐去面试的，经过一轮餐桌上的表现，司马嘉打败了另外同去的四个人，但是通知录取的时候，岗位却从原来的领导秘书变成了品牌部的策划人员。

（3）广东省计划生育委员会下属宣传机构。学院老师推荐的，薪酬不明，工作内容应该比较枯燥，当然也相应会比较轻松，工作地点在广州，属于厅级单位。

（4）广州市某大型国有企业集团总部人力资源部。师兄推荐的，薪酬据说超过5 000元，属于局级单位。

（5）碧桂园房地产公司。在招聘会上投简历，过五关斩六将得之，大型民营企业，广告文案人员，上班地点在顺德，薪酬据说只有 1 500 元，招聘人员说，“公司发展前景良好”。

（6）珠海市邮政局。招聘会上投递简历得之，据说未来发展前景良好，管理培训生职位，包吃包住，薪酬大约 1 000 元，转正后再算。

（7）广州市公共汽车总公司。招聘会上投递简历得之，管理培训生职位，据说薪酬约 2 500 元，先轮岗一年，再定岗位。

……

还有几个小公司，司马嘉没有考虑。综合来说，虽然司马嘉对前途一片茫然，但还是充满了希望和期待，他希望能够有个工资高又有发展前景的岗位，左思右想，最后还是决定留在广州，而中文系出身的司马嘉，又希望超越普通中文系人的选择，不做文秘、记者、编辑、广告文案等，他想做企业的管理层，而在这些选择中，似乎只有人力资源跟管理是搭边的，他一厢情愿地想象着他的未来，通过管人进而获得进入管理层的捷径……

没错，最后司马嘉选择了广州的这个大型企业集团公司总部的人力资源部，这是个拥有十三个下属企业的集团公司。但最神奇的是，司马嘉签三方协议的时候，居然还不知道这家公司是做什么的，看到名字以为是跟市政府有关系的，而且看到工资似乎还可以，就满心欢喜地签了。直到上班后的第三个月，司马嘉才从一个年轻同事的口里得知公司的业务原来是工程设计和施工。

圈里圈外

司马嘉离开学校的时候，一个正在读硕士的师兄对他说，在国企，要记住一句话——每个人的头顶只有一片云。当时司马嘉不太理解，但是进入企业几个月之后，他便开始深有体会了，最后他不得不赞赏师兄的远见。

只要有人的地方，就有江湖。而中国人又有个很明显的特点，喜欢划圈子，特别是企业。司马嘉被招进集团总部的人力资源、组织部，顶替考上公务员的秦琴，秦琴在临走之际，向司马嘉透露了不少公司的“潜规则”，例如A部门的领导跟B部门的领导一直都在争斗，而附庸他们的分别有一帮人，这些人经常会在评优、晋升、培训机会等一些事情上展开争斗，这两大帮派又都擅长讨好集团领导，秦琴之前是属于B派的，她建议司马嘉低调做人，两边都要讨好，但是建议他跟B派的暗地里走近一些，因为B派比较尊重新人，而且以年轻人为主，在那里成长会比较快。

秦琴走后，司马嘉经过分析发现，A派以中年妇女为主，属于老员工，大部分属于“当权派”，掌握着公司里面舆论的话语权，喜欢家长里短，希望保持现状。而B派则以年轻的高学历年轻人为主，大部分是“发展派”，是公司干活的主力，希望推动变革，改变现状。经过一段时间的观察，司马嘉毫不犹豫地加入了B派，他把这个团队称为“青年团”。

青年团的快乐生活

青年团基本上是由新近几年招收的大学生为主体，其核心是几个10年前进来的、现在已经成为企业骨干的大学生。他们每天会在饭后，到一个固定的办公室一起聊天、开玩笑，谈谈生活和彼此的动态，这几乎成了他们每日必做的事情，他们会定期约好出去吃饭、旅游，最重要的是，他们会聚在一起讨论对企业改革的想法，对企业现状进行分析，然后大胆提出自己的看法，这么下来，他们能够在一个整体比较压抑、不求变化的企业中，保持创造的热情，就如寒冬里把火把堆积到一起，相互燃烧一样。司马嘉觉得，只有在这个团队中，他才能感受到大学的那种自由而欢快的氛围，他虽然对公司的整体动作不是非常满意，但是非常喜欢这帮青年同事。

把尾巴藏好，别让别人踩到

刚进公司，司马嘉很聪明地夹着尾巴做人，他静悄悄地观察着这个陌生的环境所发生的一切，当然，由于不是很擅长夹着尾巴，所以他的尾巴经常会不小心露出来，这样就导致有些老员工有踩他尾巴的机会。关于老员工，秦琴走的时候曾经跟他描述过他身边的一些老员工，说他们专门欺负新员工，一旦发现你有什么错误，马上会“帮”你去传播，“先把你整黑了，那以后如果有什么黑锅，就容易往你身上推了”，司马嘉第一次听到这话觉得可能是秦琴夸张了，因为大家看起来都慈眉善目的，也挺热情的，应该没有人会这样做才对。

直到有一次的经历，让司马嘉铭记终生。那一次集团的博士后出站，司马嘉是主要负责人，虽然没有经验，但是他却自信十足，接到任务就开始排兵布阵。其他都还好，就是在订午餐的时候，他犯了个错误，一共八个人左右参加的会议（他误以为只有三四个领导），他订房的时候只要了间五六个人的房间，当他打电话的时候，老员工秋姐在后面暗暗捂嘴偷笑，他当时没觉得有什么，直到中午去吃饭的时候，他看到秋姐刚好坐在几个副总旁边吃饭，一边吃一边在说笑着什么，当他走近时，他听到了他的名字："小嘉居然订个这么小的房间，都不知道他的大学怎么读的……"当时司马嘉简直怒发冲冠，但是现场很多领导在，他不好发作，他只好打了饭，一反常态地没在饭堂吃，而是拿回了座位，整整半个小时，他都非常恼怒。一个新人刚刚进来，做对的没人表扬，有一点点错误就直接捅到领导那里去，那以后的形象还怎么树立？而且做错了，你前辈听到了应该来指导一下，结果你不吭声，却去传播是非，他当时恼火极了，真想等秋姐一回来就把脸皮撕破，向她大声质问……

时间一分钟一分钟过去了，当秋姐下来时，他怒视了她一眼，她没看到，径直回到她的座位，司马嘉非常恼火，但还是保持了一定的理性，他一直在想着闹翻了会怎样，不能收场又怎样……最后他按捺住自己，说服自己说，要忍住，因为还要在这里干，还有很长时间相对，撕破关系容易，但重建起来难。这个中午，他一言不发，郁郁寡欢。

晚上，他在日记上写下：把尾巴藏好，别让别人踩到了！

逆境而不丧远志

当你的工作开始千篇一律而晋升又遥遥无期的时候，人往往容易产生懈怠的情绪，接着习以为常、敷衍了事，再接着就会毫无斗志、安于现状了。不知不觉中，司马嘉已经工作两年了，最开始那种一往无前的冲劲，在很多挫折中已经逐步减弱了，虽然胸怀远志，但是始终感觉看不到前途，这个时候，跳槽也不成熟，继续干下去又觉得很枯燥。他知道，很多人很容易在这种千篇一律的工作中丧失自己的理想与斗志，这是一种温水煮青蛙的方式，这是司马嘉极度反感的生活方式！他要跳出这个温水壶！

经过思考，他决定从两个方面来改变他现在这种平原状态：一是给自己设定一个目标，在逆境中保持一颗火热的心，他开始不断给自己增添一些新的目标，既然八个小时内无法改变自己的命运，那么就用周末和八个小时之外的时间去改变，他开始去报考人力资源管理师，开始准备去考 MBA，这种短期的目标让他又充满了活力和期盼。二是要学会快乐地工作，工作是无法改变的，能改变的就是完成工作的心态和方法，于是他给自己设定了一个目标，每个月要做出一项自己跳槽的时候可以写进简历的业绩，在这种想法的推动下，他又重燃了几近熄灭的激情，在这种动力下，年底他居然意外地获得了“优秀员工”称号，并且被破格提拔了一级，同时他也拿到了人力资源管理师的资格，并且在第三年顺利考上了暨南大学的MBA，这些都是他始料未及的。

当他考到MBA的那一刻，他非常高兴，似乎人生又开始了一个新的起点。那天晚上，他在日记上写道：虽然人生总有没完没了的无奈与挫折，但是只要拥有理想，并保持以永不放弃的热情为之努力，前途总是光明的。

职场成功从令人绝望的打杂开始

广州爱渡文化传播有限公司总经理　杨雁

作为多年的老朋友，林景新老师嘱咐我这个职场过来人，给他的新书《走好职场第一步》写一篇感悟，以给其他职场新人一些启示。写作虽非我专长，但这些年来在职场中摸爬滚打，观察了很多，感悟了很多，也积累了许多经验，可以与各位朋友一起分享。

经过四年大学教育的洗礼，即将离开校园踏入社会的年轻的毕业生们大都充满激情，带着梦想与抱负，兴致勃勃地寻找为事业而奋斗的机会。现实与理想的差距总是很远，不用说，大家都认为找工作就是头一项残酷的考验。但是，难道找到工作就万事大吉了吗?

当已经找到工作准备大干一场的时候，很多新人都将面临极大的困惑，无论你来自哪一所名牌大学、学习的是什么热门的专业、分配到企业的哪个部门，由于没有工作经验，对企业了解不够深入，与团队还没有找到默契，所以首先做的工作就只能是“打杂”，这是很多人都难以接受的事情。从“打杂”中，我看到当今大学生的实际执行能力普遍比较弱。

我的公司跟几所大学都有合作关系，因此每年都会有一些大四的学生来实习。有一次，我安排一个实习生用EXCEL帮我把项目预算核对一下，过了半小时他还没有交给我文件，我走到他座位想看看为什么这么慢，结果发现他正在用计算器加表里的数字，不用说，我当然对他不满意了!

还有一次我带着一个新来的员工出差办事，因为工作很多很杂，带一个人做助手会方便些。到了酒店房间，我赶紧安装好随身带去的电脑、打印机等设备，开始整理和修改文件。随口对带去的助手说：“打印机彩色墨盒用完了，箱子里有备用的，帮我换上!”她应了一声就去箱子里拿，结果我改完文件才发现她还愣在箱子旁，就问她怎么了。她拿着手中两个墨盒说：“我不知道哪一盒是彩色的?”不用说当时我有多郁闷了！怎么连简单的观察能力都没有啊！那两个盒子上明明写着“black”和“color”，就算不识字，两个盒子颜色也不一样，就算是色盲，也可以马上问我啊！怎么也不应该愣在那儿十几分钟吧？

一天上午，我给新来的员工一个号码，让他打电话联系对方。到了下午我问他联系得怎样，他说早上打了，电话关机了；我又问是一直关机吗，他说你没让我一直打啊！这些事实，说出来是不是让大家很惊讶呢？

很多常识性的工作，却给刚刚参加工作的职场新人最多的教训，这是由于学校里总是老师单向输入，学生只是被动地接收一些信息，书本上的知识也无法通过实践合理运用，因此到了真正工作时，他们认为很多事情都是小事，而没有带着头脑去做事，只能是听一做一。然而，职场不是学校，没有哪一位领导和同事会手把手地教你如何做事，这就让很多新人不知道该从何做起。

有一个曾经在我公司试用了一个多月的毕业生，有一次她大胆地向我提出建议说：“我认为我们公司应该请一个有经验的人来教教我们。”我惊讶地问道：“我们公司有好几个总监，他们都是在这个行业打拼了五至八年的专家，每个人都在业内有些影响力，难道他们还不算有经验的人吗？”她接着说：“他们都很厉害啊！可是他们太忙了，每个人都好多工作，没有时间来教我们。”我笑着对她说：“我们是一家运营的公司，不是培训机构，就算是培训机构，接受培训也是要交费的！”

这就是大学毕业生没有调整好心态的典型，企业招聘人才，是希望大家努力为企业创造价值，所以新人的成长只能靠自身的努力、平时的观察、虚心的请教、多参与实践来实现。

前年我公司新来了一个大学毕业生，应聘时我告诉她：“要快速了解公司及同事，适应公司的工作状态，你必须先从前台做起！”她稍加思考后决定接受这份工作。可是正式来工作后，每天都重复着接电话、订快餐、发传真、整理公司物料等杂务，她心里就开始感到不满了。

她找到我说：“我也是来自有知名度的学校，学习的也不是服务这个专业，能不能让我换一个工作岗位，我想会更适合我些！”

我耐心地跟她做了一次沟通："前台被很多新人看做是打杂，有些人对这个岗位不屑一顾，认为这样的工作无法体现自己的实力，更不能提高工作能力。其实打杂是最能表现出你是否细心、认真、条理清晰地工作，也是让你最快认识所有同事，并能通过你的聪明能干赢得良好的人际关系的途径，很多部门的领导都是通过观察打杂中的新人来发掘人才，谁能吃苦耐劳、仔细认真、团队服务意识强，谁很快就会赢得发挥能力的机会。细节决定成败！如果一个人连小事都无法做好，公司如何敢把重要的事情交给他去办理呢?"

从那天起，这个新人沉下心开始认真执行前台的工作，通过努力，她得到了全公司同事的认可，后来参与了很多项目的策划、筹备与执行。如今，她已是我公司重要项目组的负责人之一。

其实，打杂并不简单，更不是没有价值，这是一个能让职场新人的综合素质快速提高的岗位。我刚到广州时也是打杂的。通过帮公司举办的演唱会宣传到街上派传单，到广州各区联系售票点，我熟悉了广州的区域、地理及交通；通过帮各部门的同事加班，我了解了各项工作的分工与配合，更学会了合理安排工作进度；通过周末代替请假的同事接待外地客户，跟客户建立了长期良好的友谊；通过跟在领导身边端茶倒水，我学会了管理与指挥。就是在一次次不厌其烦的杂活中，我得到了快速的成长，结交了很多朋友。今天，原来跟我一起工作的同事大多数还在各个企业继续打工，而我已经跟一帮志同道合的伙伴建立了自己的事业。

所以，用正确的心态面对职场的一切挑战，只要你心中有信念，不甘于一辈子打杂，今天的打杂必将是你成长的助力器。

我的职业生涯从“魔鬼集中营”开始

资深广告人　邓开权

十几年前，广州作为全国传媒、公关、广告业的重要阵地，吸引着来自全国各地的年轻人投身其中，我也有幸进入了一家当时被业界称为“魔鬼集中营”的大型广告公司，正式开始了自己的广告从业生涯。

彼时，广告公司人员多为半路出家，极少有专业科班出身，广告公司以人员流动性大、人员变动快而著称。而我在的这间“魔鬼集中营”，更是工作压力大、强度高，常常令人处于近乎疯狂的状态。因此，公司基本上形成一种规律，每逢一批新人来到公司，大多干不到 3 个月即忍受不了各方面的压力而选择离开，还有一部分人则干不到半年就消失不见踪影，能够跨过一年门槛的新人仅剩百分之十到百分之二十，而这批新人基本上都能够在公司相对稳定地发展下来，并逐渐成长为业务主力与团队核心。

在这过程中，我也曾因看不清方向而彷徨，因连续加班两个通宵赶出来的策划方案被上司批得一无是处而怀疑自己是否适合这个行业，甚至有段时间因为觉得周围同事好像都在针对自己而打起了退堂鼓……幸运的是，我跨越了这道门槛，度过了自己职业生涯初段的适应期。

我认为主要有三个方面的经验帮助自己快速地调整了过来：首先，切忌好高骛远，为自己设定一个更容易达成的目标，如果可以，将目标分解到每月、每周甚至每天，做到日事日清，每天的收获都能了然于心；二是广泛学习，更多、更频繁地与人交流，尤其是和周围的同事、朋友聊天沟通，有利于从第三方的角度验证自己的成长历程；三是不怕犯错，但不允许自己犯同样的错。

四年后，当我作为公司客户总监和事业部总经理，带领着近 20 人的团队，客户对我们的服务给予高度认同并连续几届获得全国广告大奖时，我真正认识到，如果当初倒在职场出发线上，就无法找到之后精彩纷呈的从业快感。可以说，新人期的历练给了我很多帮助。

转眼十几年过去了，今天自己正经历着从就业到自己创业的角色转变。仔细想来，无论是当初自己作为职场新手还是今天自己对公司新人的要求，如果能做到“五心”、“四有”，就能更好地迈出职业第一步。

五心，即事业心、责任心、忍耐心、感恩心、平常心

何谓事业心？我的理解就是“成就事业的决心”。事业成败往往不是因为你有没有理想和目标，而在于你为此下了多大的决心并做了多少准备。同样，作为刚刚进入职场的新人，许多人都会为自己树立一个阶段性的目标，但缺乏不达目标誓不罢休的气势与决心以及对达到目标的量化指标考核。

责任心，就是以结果为导向，敢于承担责任。做事做事，关键不在于“做没做”，而在于做的“结果如何”。如果只想着把事做完交差，那其实是在放弃自己的未来。年轻人在踏入职场之初，往往冲劲有余而耐心不足，要知道，做一件事不难，难的是持之以恒地做一件事。成功的职业生涯不是一段风驰电掣的百米冲刺，更多的是一场考验坚韧与恒心的马拉松。至于学会感恩，胜不骄、败不馁，保持一颗平常心，也是新人迅速融入团队、提高职业成熟度的必修心经。

四有，即有激情、有规划、有执行力、有合作精神

激情是保持职场活力、提升职业化速度的助燃剂，它是可以相互感染和传递的。时至今日，我对当时所在的“魔鬼集中营”的老板仍极为钦佩与尊敬的最大原因，就是他身上那股永不磨灭的激情，以及他不断学习、不断超越自己的勇气与决心（至今我们仍是很好的朋友，时常会沟通、交流一些想法）。

规划代表着你对自己从业发展的计划与实施步骤，执行力则指将每一个计划落实到位。新人往往都是从一些低层次的事务执行工作开始自己的从业生涯的，从看似简单的事情中总结出成功的规律，培养良好的职业习惯，将大大有助于提升我们自身的价值。

进入全新的职场环境，有很多的人与事需要协调，这就要求职场新人具有较强的合作精神与团队概念，而良好的团队氛围又为新人的成长提供了优质的营养与动力。

总之，当我们迈出职场的第一步时，我们就需要不断强化自身的价值，去迎接激烈而残酷的职场挑战，收获属于我们未来的精彩，快人一步、步步领先。

写给职场新人的一封信

广州移动综合部新闻公关总监　方洁

给你们：

从提笔写这封信到现在，有两个星期的时间。

我想到了一个胖胖的女孩，一个十年前站在中山大学大礼堂门口的女孩，一个毕业了却不想找工作、签暂缓就业协议、和死党“创业”胡闹了半年的女孩……那时候，不知道自己要什么，迷茫、着急，希望一切在第二天醒来就全顺了，结果兜兜转转、坎坎坷坷、碰壁撞墙，慢是慢了些，可真好玩。

看着这封信的你，是不是也有过这样的心情？

给正在寻找工作的你们

如果你正身处炎热的六月，刚刚与同窗四年的好友在通宵买醉中展望明天、拥抱着恩师不舍地说着感谢、西装笔挺地奔走在一场场招聘会、一次次模拟训练准备着面试的礼仪、忐忑地期待着来自短信或电话的offer回复……

迷茫和着急，会是每天反复的心情，这是正常的。

此刻的你，最棒的安排可以是：

一份漂亮的简历。不需要花哨、不需要累赘、不需要夸张，只需要1～2页A4纸，简明扼要地告诉雇主：你是谁（背景信息，很多标准表格可以参考，控制在三行以内）；你经历过什么（教育经验，如果你得到过校级以上的奖项，建议全写上去；实践经验，如果与你应聘的工作有关系的实践，最好写上去）；凭什么是你（芸芸众生中选择你，凭什么？——你对雇主的了解、你与雇主的契合度、如何证明这一切），此外，加上一张正面非“非主流”的照片，加上一个塑料文件夹。

一份漂亮的心态。学业、考试、找工作，这些是人生中最小的挑战，当十年后你回头的时候，你会懂得一个道理——得失平常。如同爱情，选择与否只在于适合与否，并非你优秀与否。漂亮的心态在于自信，而不是自负，自信源于对自己正确的了解和把握，然后去接受一切尝试和挑战；自知，人生短短几十年，是属于自己唯一的人生，所以，问问自己什么是你想要的，别人眼中的工作稳定、收入丰厚等砝码，未必是吸引你的所在，坚持为自己所热爱的努力，才是你的人生，当然，热爱不等于无知的执著；自强，无论是谁，都没有不劳而获的成果，一蹴而就不是不可以，只是代价会在日后一点点收回，“出来混，总是要还的”，没有任何捷径,值得你过于卑微地去乞求。

一场漂亮的历练。如果把寻找工作的过程当成一次免费的旅行，那将收获多棒的经验啊——可以见识到不同的企业、可以遇见不同的面试官、可以体验不同的企业文化、可以结识志同道合的同行、可以清楚地知道“什么是自己不要的”、可以积累一些意想不到的人缘……带着这样的心情去享受沿途的风景吧，有时候，收获与否是缘分，尽人事，听天命，当你轻松地、微笑着去面对时，一切都会变得美好。

给成功收获 offer 的你们

一次次等待、一次次失望、一次次羡慕，总有一天，属于你的会到来。

恭喜你！来到一个名为“职场”的奇幻世界，让我带领你们开始一场关于“职业”的嘉年华：

在这里，有良师益友、有热心同事、有办公室政治、有办公室恋情；

在这里，有陌生的办公设备、有不明白的企业流程、有没人教的工作方式、有看起来让人有点害怕的前辈、有每天不知道在忙些什么的领导；

在这里，有一个人手忙脚乱地摸索、有一个人忐忑不安地独立作业、有一个人无助地加班加点；

在这里，有意外的赞许、有不经意的帮扶、有热心肠的指点、有莫名其妙的指责和批评……

闪亮登场之前，请站在“虎度门”（戏台两侧出入口）前深呼吸，记得带上你的三样“道具”：

谦卑。无论曾经的你如何风光无限、如何硕果累累、如何万千宠爱集于一身，这一刻，请归零——这是一个新的舞台，所有一切规则都与之前不同。向前辈学习专业知识、向同事学习人事交往、向工作“忙”人学习时间管理、向工作“闲”人学习工作效率……任何一个人，都是你的老师，请记得，对他们说话时带着“您、麻烦、谢谢”等礼貌用语。

学习。学习是职场的一门重要课程——当经过必要的培训之后，没有人有空余的时间去教导你如何使用电脑、如何使用复印机、如何找到内部联络表、如何登陆企业OA平台、如何写一份请示、如何发一个通知、什么事情需要请示领导……问号、问号、问号！冷静一点，职场是一个宽广博大的图书馆：观察同事做事可以学习设备的操作、倾听同事汇报可以学习如何与上级沟通、认真阅读公文可以学习公文写作方式、多请示多汇报多报备进展可以让领导感觉放心……学习是一种能力，先放下对薪酬的讨论、对八卦话题的关心、对老板背景的揣测——为自己拟订一个学习计划，请领导指点，然后默默学习一个又一个的三个月，你会懂的。

不抱怨。选择了职业、选择了公司，这是你自己的选择，那么，请对它负责——无论好坏、无论贫富、无论病弱、无论风雨、无论艰辛，都不离不弃，起码三年。请放下这些小说中描绘的幻想：“三年，他成了企业的管理人员”、“短短半年，他得到了领导赏识，得到越级晋升”、“经过努力，五百万的单终于签署成功”……这些有，但少到可以成为传奇，大部分的人没有这份运气，所以，请踏踏实实从底层做起。不抱怨，是无论打杂、跑腿、装订文件、复印资料、加班参加培训、熬夜写方案、协助调整PPT的颜色、帮领导找报告中的错别字……这些是我毕业三年做的几乎全部工作，都是极其宝贵的经验！如果你“有心”，你会知道每个部门的职能、每个项目的接口人、每个领导阅读报告的习惯……先将抱怨收起来，等三年后再发泄，否则，你只能一次又一次在抱怨的苦闷中轮回。

给奋斗于职场中的你们

忙完手头的事情，看看天河北的黄昏。

和一个“小朋友”谈了点工作的事情，很多困惑、难处、煎熬和当初刚做新闻的时候一样。

原来也有快两年的时间，越发明白了积累的重要性。

有些话，是以前的前辈告诉我的，当时没懂，现在慢慢知道了其中的含义，送给你们。

自己是自己品牌的缔造者

所有的文字、方案、作品，输出的时候，都打着自己的LOGO。

只有自己，才是自己品牌的生产者、审核者、把关者。

所以，没有任何借口去敷衍、去松懈、去等着别人来修正、去依赖别人来完成；

所以，不要为领导的不认可而郁闷，不要埋怨额外的加班，不要因为自己的不成熟、不专业而赌气；

所以，只要是自己负责的，就要认真、尽责、用心，不为任何的功利目的；

所以，就当这些都是自己的积累，只有实实在在做了才能真正了解每个需求、每道工艺；

所以，庆幸自己选择了喜爱的行业，珍惜一次次历练和实操的机会，才能修炼出人剑合一的境界。

然后，有一天，会因为这个品牌而骄傲。

我始终相信，无论企业、个人，每个品牌都有一段不平常的构建过程，好好享受吧！

短短六年，我所感悟的，希望对你们有价值。

方洁

2011年7月16日

职场关键第一步是什么?

@ **林景新：**请各位网友讲讲你认为的职场关键第一步是什么。

新浪微博网友如下说：

@ Myzack ：第一步是想清楚你的期望是什么。

@ **瘦回 90 斤：**步入职场的第一步，我觉得在本职工作上搞清楚自己想要学到什么，以及自己已经掌握了什么；人际关系上既要有所突破又要有所保留；观察力与学习能力非常重要，同时戒骄戒躁保持低调……哈。

@ xPP **猪漫画：**嘻嘻，职场的第一步是少说话多做事。

@ **思铭** Abbie_ Kwan：鄙人认为，工作之前，做霍兰德职业兴趣测试会有点帮助。因为没有 Take Two，所以了解自己很重要。MBTI 职业性格测试也不错。

@ **真老顽童：**老衲还是以为兴趣是步入职场关键的第一步!

@ **哼哼二将：**跟对老板入对行，良师益友来帮忙 。

@ **老才：**我认为职业规划知识要掌握一下，让职场新人有自我统筹意识与能力而不是过多地听从与服从。

@ **丁巍** John：以学习的态度积极地投入，并努力自我完善。

@ **黄欢私房：**最关键的是遇到一个价值观正确、有本事还肯带你的上司。

@ DY **大人：**职业规划——要做自己人生的操盘手，在起飞线确定好自己的航线；热情——职场是一个全新的人生，热情将是最大的源动力，就像小孩学走路，不管摔倒多少次还是会继续。

@ **袁小瑜：**态度和方式，什么情况下该做什么事、说什么话。

@ **葛胖嗖得一下六级就过：**摆脱依赖感，学会独立，热爱工作 。

@ xcoffee－**泪：**职场第一步就是把“赢”字解答出来，这是成功的方法!

@ **青雨星：**我认为，职场的第一步是练好基本功。迅速告别学生时代的惯性痕迹，重新养成良好的职业人习惯，如守时、效率管理、平衡工作与生活等。高薪厚职、前途无量、成就卓越、安定平稳是需要运气与时机才能得到的，但是我们可以选择以怎样的一种方式去工作、去生活。

@ **沐沐** grace：最关键的是兴趣，只要是自己的兴趣所在，就会充满激情和热情，也比较容易迈出最坚实的第一步。

@ **不言吾**：第一步是勇于放下和清空，放下学校里的清高和青涩，清空学校里的奖项和荣耀。有勇气从任何一个细节重新学习、成长！

@ **释迦魔羯洋**：无法胜有法，无招胜有招，无为而治，不要盲从地为工作而就业。

@ **懒猪火儿**：不卑不亢！

@ **马璟熙_** heyhey：低调做人，高调做事。

@ Rawls：新生活关键是定位！

@ **范思鼎**：李莲英的墓志铭上说："事上以敬，事下以款。如是有年，未尝殆矣。"其实，原则的东西总不会变，不管新入职还是旧入职，公公的话还是很经典。别不拿大总管当事！人家权倾一时，又全身而退，就很不容易。想想公公对上对下的态度，还"如是有年"，有几个人做得到！

@ Xmidmidcat：虚心学习，静心分析，勇于担待。

@ **虹光**：应该是态度，怎样的姿态就有怎样的结果，如果态度摆对了，至少会清楚自己的定位；如果态度错了，那么走下去前路也是充满艰难险阻的。

@ **小喜的喜闻乐见**：走进自己喜欢的行业。

@ **追风少年呀**：俗话说万事开头难，职场第一步很可能直接影响我们未来的人生道路。我认为，对于刚踏入职场的毕业生来说，不论你以前怎样，这都是一个新的开始，端正个人心态十分重要。不要因为过去的小小成就而过分自信，也不用因为自己若有所失而显得卑微，要用新的活力迎接真正的职业人生！

@ **木易国庆**：职场第一步关键是要尽快完成由学生到职业人的角色转变，踏踏实实做事，多学，多做，少说！

@ **天天都是新的**：良好心态，始终 OJT；跟对老板，职业化塑造。

@ **抽刀断水567**：快速融入组织文化。

@ **洋芋疙瘩儿**：当然是面试啦！

@ **朱秋硕**：自身实力与人际关系！

@ **豪一把**：了解清楚形势、行业前景、工作岗位要求和公司文化。

后记

多年前，当我背着行囊毕业离开学校、踏入职场江湖那一刻，内心曾被一种难以名状的冲动所怂恿，我希望能用十年时间去实现许多“伟大的梦想”：遍游天下、著书立作、实现高薪优职等。

时代与生活每一天都在前进，我们每一天都会有新的梦想产生。如果说生活是酝酿梦想的地方，那么职场则是我们实现梦想的平台——选择在什么样的平台上历练，对于我们来说不仅仅意味着选择了一份或厚或薄的薪水，更重要的是选择了一种视野，选择了一个观察世界的角度。

多年后的今天，我才深深感受到，在职业生涯之初，选择进入什么样的职场平台工作是如何之重要：这份工作所赋予我们的经验、视野、专业兴趣、人际关系将深深影响到未来几十年的职场发展路向。在一家优秀的公司工作，你将拥有一群优秀的同事、卓越的工作经验、开阔的人生视野；而在一家糟糕的公司，你除了收获一份薪水之外，你可能会一无所获，甚至磨灭了自己对未来职场发展的期望。所以，职场发展的关键第一步就是选择——选择与谁为伴、选择跟谁发展、选择在什么样的公司工作。

在职场江湖行走十多年，我去过无数公司、与许多优秀的职场精英有过深入的交流，我一直期待能够探寻到职场成功的密码：为何同样在职场工作，有的人能够迅速脱颖而出，有的人却始终在原地踏步？智商、勇气、个性、机会、沟通能力这些必要因素中，究竟哪一些是最关键的。

这个问题的探寻并不容易，因为一千个成功者会有一千种发展的道路，每个人的故事都各有不同，这或许也正是人生的精彩所在吧。经验可以复制，但成功之路各有各的精彩——这也是我著撰本书的目的之一，希望能够将我数十年来对职场的观察，通过故事化的讲述方式，为各位读者提供一个职场成功模式的解读范本。

感谢智通人才连锁股份有限公司董事长叶菁先生为本书撰写序言。叶董事长不仅是一位非常成功的企业家，同时也是一位对职场生态有着深入研究的专家。在与他的多次交流中，他独特的见解总能给我带来许多启发。

感谢DM互动总经理刘东明兄所率领的PP猪漫画设计团队，为本书设计了许多精彩、幽默的配文漫画。这些可爱的PP猪给本书增添了一道靓丽的色彩。

感谢佘旭锦、陈艳伶、杨雁、邓开权、方洁、陆建、李俊等朋友对本书的支持。作为职场精英，他们对自己步入职场时迈出的第一步之深刻感受的慷慨分享，成为本书最后一部分的精彩亮点，也希望能给寻求成功的职场跋涉者带来有益的启示。

“毫无胜利可言，挺住就是一切。”这里引用法国诗人里尔克的一句诗，祝所有正在职场中奋斗的朋友梦想成真。

林景新

2011年7月27日